ABRÉGÉ

LA GÉNÉALOGIE HISTORIQUE ET CRITIQUE

DE LA MAISON

DE LA ROCHE-AYMON.

ABRÉGÉ

DE

LA GÉNÉALOGIE

HISTORIQUE ET CRITIQUE

DE LA MAISON

DE LA ROCHE-AYMON,

Pour servir au Supplément ou continuation de l'Histoire généalogique et chronologique de la Maison de France et des Grands Officiers de la Couronne.

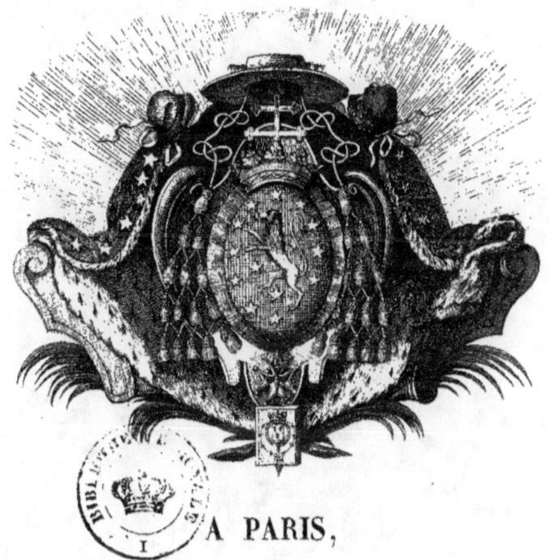

A PARIS,

DE L'IMPRIMERIE DE LA VEUVE BALLARD ET FILS, IMPRIMEURS DU ROI ET DE Mgr. LE COMTE D'ARTOIS.

M DCC LXXVI.

Avec approbation et privilége du Roi.

Réimprimé à Bordeaux, chez **LAVIGNE** jeune, fossés de l'Intendance, 15.

1839.

SUPPLÉMENT

DE L'HISTOIRE GÉNÉALOGIQUE

ET CHRONOLOGIQUE

DES

GRANDS OFFICIERS DE LA COURONNE.

TOME II. — CHAPITRE I.ᵉʳ

ARTICLE DES ARCHEVÊQUES DUCS DE RHEIMS.

De sable, semé d'étoiles d'or, à un lion de même, armé et lampassé de gueules.

N.º XLIV.

CHARLES-ANTOINE DE LA ROCHE-AYMON, cardinal-prêtre de la sainte Église romaine, archevêque duc de Rheims, premier pair et grand-aumônier de France, commandeur de l'ordre du Saint-Esprit, abbé commendataire des abbayes de Saint-Germain-des-Prés à Paris et de Fécamp au diocèse de Rouen, chargé de la feuille des bénéfices de la nomination du Roi, etc., aujourd'hui doyen de tous les archevêques et évêques du royaume, est né au château de Mainsat, et a été baptisé le 17 Février 1697 dans l'église paroissiale du même lieu, au pays de Franc-Alleu, province d'Auvergne, diocèse de Limoges.

Il a été d'abord chanoine de l'église collégiale de Saint-Pierre de Mâcon, vicaire-général à Limoges, créé évêque de Sarepte en Phénicie par le pape Benoît XIII, et sacré le dimanche 5 Août 1725, en conséquence d'un brevet du mois de Novembre 1724, par lequel le feu roi consentait qu'il fût revêtu d'un titre d'évêque *in partibus* pour être suffragant de l'évêque de Limoges, et l'évêché chargé d'une pension de *six mille francs* en sa faveur.

Pourvu successivement de l'abbaye d'Obasine au diocèse de Limoges au mois de Février 1729, de l'évêché de Tarbes au mois de Novembre suivant, de l'abbaye de Sordes au diocèse de Dax, en remettant celle d'Obasine en Août 1731, de l'archevêché de Toulouse en Août 1740, de celui de Narbonne en Octobre 1752, de l'abbaye de Beaulieu en Argonne au mois de Juillet 1757, de la charge de grand-aumônier de France le 13 Juillet 1760 et de l'abbaye de Fécamp, en remettant celle de Sordes en Mars 1761, il avait été nommé commandeur de l'ordre du Saint-Esprit le 2 Février 1753, et reçu le dimanche de la Pentecôte 10 Juin de la même année.

Il a été nommé à l'archevêché de Rheims par brevet du 5 Décembre 1762, pourvu de ce siége par bulle du 24 Janvier 1763, a fait son serment de fidélité au feu roi le 7 Février, a pris possession de l'archevêché le 5 Mars, et a été reçu au Parlement le 14 comme duc de Rheims et premier pair ecclésiastique de France.

Nommé encore à l'abbaye de Cercamp au diocèse d'Amiens le 1.er Novembre 1765, il a été chargé de la feuille des bénéfices le 13 Avril 1771, créé cardinal le 16 Décembre suivant, et pourvu le 13 Février 1772 de l'abbaye de Saint-Germain-des-Prés, en remettant celles de Cercamp et de Beaulieu, a sacré et couronné le roi à Rheims le dimanche de la Trinité 11 Juin 1775, ayant eu l'honneur antérieurement de suppléer à S. M. les cérémonies du baptême, de lui administrer la confirmation, de lui faire faire sa première communion et de la marier.

Enfin, il a présidé en chef à toutes les assemblées du clergé de France, depuis 1760 jusqu'en 1775 inclusivement, après avoir assisté à toutes les précédentes depuis 1735, tant comme député que comme second président, à l'exception de celle de 1750. (Il est mort au palais abbatial de Saint-Germain-des-Prés, à Paris, le 27 Octobre 1777, dans la quatre-vingt-unième année de son âge, et a été inhumé le 31 dans la chapelle de Sainte-Marguerite de l'église de cette abbaye.)

ABRÉGÉ

DE LA GÉNÉALOGIE

HISTORIQUE ET CRITIQUE

DE LA MAISON

DE LA ROCHE-AYMON,

Dressée et imprimée pour donner suite au Supplément ou à la continuation de l'Histoire généalogique et chronologique de la Maison de France et des Grands Officiers de la Couronne.

ARMOIRIES:

De sable, semé de molettes d'éperon, ou d'étoiles, ou de trèfles d'or, au lion de même, armé et lampassé de gueules;

(*Ou bien*) De sable au lion d'or, enfermé dans une orle ou bordure de molettes d'éperon, de même.

LIVRÉE, SELON CES ARMOIRIES:

Habit jaune, galonné sur toutes les coutures avec un tissu en petits carrés jaunes, rouges et noirs; Collet et doublure, paremens et revers noirs; veste, culotte et bas noirs.

DEVISE:

« JE PORTE LA MORT PARTOUT ».

CRI:

LA ROCHE-AYMON !

Lᴇ plus souvent, les auteurs d'un écrit quelconque exposent, dès son commencement ; quelque estampe ou vignette où est résumé et peint en tableau le contenu de cet écrit ; comme, par exemple, les célèbres auteurs de l'*Art de vérifier les dates* ont représenté, dans une vignette mise en tête de leur savant ouvrage, le Temps avec sa faulx sous la figure d'un vieillard, entouré de volumes, de rouleaux de vieux parchemins, de chartes, de monumens en vestiges et autres signes que la faulx du Temps n'a pas encore fait disparaître ; mais ils ont eu soin, quoique très-significative, d'en donner une explication...

De même donc que bien d'autres auteurs, M. d'Estrées, très-instruit dans l'histoire des généalogies, auteur de celle-ci, a placé une vignette emblématique dès l'avertissement par lequel il commence la généalogie de la maison de la Roche-Aymon, mais sans aucune interprétation.

Or, ce ne peut être sans motif qu'il y a représenté une Minerve qui, de sa main droite, tient un buste de roi décoré, mais découvert et sans couronne ; et qui, de la gauche, présente une tête de Méduse par qui on est pétrifié quand cette déesse fait observer et regarder un objet qui cause de l'effroi, accompagnée qu'elle est d'*Ascalaphe* ou du hibou, son oiseau, dont la vue perce jusque dans l'obscurité de la nuit des temps et des nuées, pour avertir sa déesse de ce qui s'y passe ; puis une Thémis, déesse de la justice, y est dépeinte avec ses emblèmes du glaive et des balances de l'équité, qui précède ce roi pétrifié et lui montre une pyramide solidement affermie sur ses antiques et profonds fondemens, non moins réels, quoique cachés dans l'obscurité des nuées qui l'entourent dans ses bases, d'où elle s'élève sans interruption....

En faisant choix de ces figures allégoriques, M. d'Estrées a voulu sans doute laisser aux lecteurs de la Généalogie de la maison de la Roche-Aymon, figurée par cette pyramide à vastes et antiques fondemens, le soin de faire eux-mêmes l'adaptation et l'application de cette vignette significative.

§ I.er

La Généalogie de la maison de la Roche-Aymon, que l'on a mise au jour en 1776, ne fut point une production de la vanité, tels que le sont quelquefois les ouvrages de cette espèce.

Feu M. le cardinal de la Roche-Aymon (décédé le 27 Octobre 1777) était le premier des pairs ecclésiastiques du royaume, en sa qualité d'archevêque duc de Rheims, et tout à la fois grand-aumônier de France (1). Revêtu de ces deux dignités, il ne pouvait se dispenser de fournir une Généalogie de sa maison au continuateur de l'*Histoire généalogique et chronologique de la Maison de France et des Grands-Officiers de la Couronne* (le supplément étant sur le point d'être imprimé), et d'user du double droit que ces deux dignités lui donnaient, et à sa famille, d'avoir place dans un livre qui n'est consacré qu'aux fastes de la maison royale et à ceux des maisons que les plus éminentes dignités du royaume mettent pour ainsi dire aux côtés du trône (a).

En négligeant de l'y faire comprendre, il aurait exposé sa famille au danger de perdre dans l'opinion publique les avantages qui la signalent et qui n'ont pas déparé ses dignités personnelles.

L'un de ces avantages est celui de remonter son origine à une ancienneté que l'injure des temps rend aujourd'hui peu commune, et de la prouver par d'anciens titres originaux qui se gardent au vieux château de la Roche-Aymon, lesquels apprennent positivement que les seigneurs de la Roche-Aymon possédaient originairement leur terre en véritable alleu noble et indépendant, ne relevant de personne (pas même des rois), ou, selon le mot technique, en *terre salique*, et que de cette terre dépendaient autrefois des mouvances considérables dans les provinces du Bourbonnais, du Berry, de la Marche, de la Combraille, du Franc-Alleu, etc. Ces anciens titres originaux ayant été discutés et examinés avec soin par les généalogistes de la Couronne, MM. Chérin, de Beaujon, Bertin du Rocherel et autres, ils ont ainsi été empreints d'un caractère d'authenticité du plus haut degré. Voilà donc une famille qui, par ses propres titres originaux conservés dans ses archives, prouve positivement non-seulement sa noble indépendance et celle de sa terre salique, mais en même temps l'antique noblesse de son sang viril ! Une terre qui n'est sujette à aucune redevance, est incontestablement d'une plus grande valeur que celles qui sont chargées de tributs et d'impôts : à plus forte raison la fa-

(1) Le cardinal de la Roche-Aymon, en qualité d'archevêque duc de Rheims, a sacré et couronné le roi Louis XVI à Rheims, le dimanche de la Sainte-Trinité, 11 Juin 1775, ayant eu l'honneur antérieurement, en qualité de grand-aumônier de France, de suppléer à S. M. les cérémonies du baptême, de lui faire faire sa première communion et de la marier avec Marie-Antoinette d'Autriche.

(a) Pour conserver leurs généalogies, les Hébreux prenaient les précautions les plus exactes, ce que faisaient aussi les philosophes et les prêtres des autres nations, chez les Egyptiens, Babyloniens, etc. (*Joseph Flavius*, liv. I.er, contre *Appion.*) « De là vient, dit-il, que depuis deux mille ans on trouve parmi nous une succession suivie et non interrompue, » non-seulement de souverains pontifes, mais aussi des autres familles....... »

Ce n'était ni le choix du peuple, ni l'autorité des princes, ni l'industrie, ni le mérite, ni une vanité de généalogiste qui élevait aux différentes sortes de dignités chez les Juifs ; c'était la naissance, que Dieu seul peut donner. Ils avaient une extrême application à conserver leurs registres généalogiques et à rejeter d'entre leur race et de tous emplois tout individu intrus qui, né et provenu d'une origine obscure ou inconnue, aurait voulu s'y introduire, ou par ruse, ou par force, ou par usurpation. Nous voyons dans le *liv. I.er d'Esdras*, chap. II, ÿ 61 et 62, des preuves de ce que dit l'historien Joseph Flavius, puisqu'au retour de la captivité de Babylone on éloigna ceux qui, prétendant aux différens emplois, ne purent produire leurs registres généalogiques, et ceux qui avaient épousé des étrangères.

On ne doit donc pas s'étonner de ce qu'une famille *qui a conservé ses propres titres originaux*, les produise *francs* et évidens dans une circonstance indispensable, telle que celle où se trouvait M. le cardinal de la Roche-Aymon, de fournir une généalogie de sa maison au continuateur du susdit livre supplémentaire.

mille qui seule peut posséder cette terre, et qui a toujours été franche et indépendante, est-elle sans contredit plus noble que celles qui sont assujetties à des tailles personnelles et à des hommages. (*Apolog., chap. XIII, par Tertullien*). On honore avec raison, dans les maisons, une illustration que les emplois honorifiques de l'État leur confèrent; mais, certes, une antiquité de noblesse franche, prouvée dans une maison du noble sang viril salique avec sa terre indépendante et salique, est, sans aucun doute, la plus grande des illustrations....

Un autre avantage dans l'histoire de la maison de la Roche-Aymon est qu'aussitôt qu'on commence à en connaître les détails, vers l'an 1100, on y trouve une loi particulière, un droit de co-propriété de fonds, imprescriptible et perpétuel dans le sang de tous ses individus mâles, ou présens ou à venir, lequel a contribué à la rendre aussi nombreuse qu'elle l'a été dans tous les temps, droit que chaque individu mâle de cette famille peut renoncer à exercer, sans pouvoir le perdre ni le faire perdre à sa descendance, ce qui est *la loi salique* empreinte dans le sang viril, ou une perpétuelle substitution masculine et exclusive des femmes du même nom à ne pouvoir posséder aucune portion d'héritage dans la terre salique, en leur constituant une dot proportionnée à leurs droits respectifs sur les acquêts, meubles et autres biens, afin que, satisfaites dans leurs droits dotaux, la terre salique ne puisse être morcelée et transportée, pièces à pièces, en d'autres familles que celle du sang salique.

De ces avantages dans la maison de la Roche-Aymon, il s'ensuit qu'avec une entière certitude y est démontrée l'ascendance et la descendance non interrompue de tous ses individus mâles depuis le temps antique où ladite loi salique était en usage et en vigueur parmi la première et la plus ancienne noblesse des Francs, c'est-à-dire, dès avant les rois mérovingiens qui usurpèrent l'*hérédité* de la couronne. (« On sait, » dit le grand Dauphin lui-même, que pas » une des trois races des rois de France n'avait aucun droit à la couronne »). Comme aussi avec la même certitude, par les détails connus, dès l'an 1100, de l'exercice de ce droit de communauté de fonds parmi les individus mâles de la maison de la Roche-Aymon, avec les autres actes qui en font foi, se prouve et se suit, sans nulle interruption, depuis le onzième siècle, la ligne directe des ancêtres de M. le cardinal de la Roche-Aymon et de sa famille, de manière qu'elle forme présentement, dans le dix-neuvième siècle, une chaîne constante de vingt-six générations, aussi claires que l'est celle d'un père à un fils (*a*).

C'est en effet à M. le cardinal de la Roche-Aymon, comme archevêque duc de Rheims,

Ibid., page 341.

Abrégé de l'Histoire de France, par le grand Dauphin, fils de Louis XIV, tome 12 des Œuvres de Bossuet, édit. de Liége, in-8.°, p. 440.

(*a*) M. Baluze dit, *à la page 25 de sa lettre sur la fin du tome 1.ᵉʳ de la Généalogie de la maison de la Tour-d'Auvergne*, « qu'il n'y a point de généalogies si exactement faites qu'on ne trouve, de temps à autre, quelques titres qui les rendent » plus entières et plus complètes »; et *à la page 24*, « que les cartulaires des églises cathédrales, des abbayes et des monas- » tères tiennent lieu *de titres originaux :* que, jusqu'à présent, personne n'en a douté, et que, si cela n'était pas vrai, il » n'y a point de grande maison au monde dont la généalogie pût être justifiée *par titres ;* car il est certain, dit-il, *qu'il* » *n'y en a aucune qui ait conservé les titres de sa généalogie* ». Le même M. Baluze ajoute que « M. Duchêne, l'un des plus » exacts et savans généalogistes qui aient existé, eût été bien empêché à prouver la généalogie de la maison de Dreux, » toute royale qu'elle était; celle de la maison de Luxembourg, l'une des plus illustres et des plus puissantes de l'Europe; » celle de la maison de Montmorency, quelque grande et illustre qu'elle soit, de même que celle de la royale maison de » Savoye, par Guichenom, si on n'avait eu recours aux cartulaires des églises ; et on peut assurer sans être trop hardi, » ajoute le savant Baluze, qu'il n'y a aucune de ces grandes maisons dont *l'origine* soit plus nettement prouvée que celle » de la maison de la Tour-d'Auvergne....... »

Ainsi et de même, sans être trop hardi, on peut assurer que, jusqu'à présent, aucune grande maison en France n'a premier pair et grand-aumônier de France, que sa famille est redevable de n'avoir pu se dispenser (par ces deux éminentes dignités) de faire extraire ses anciens titres originaux et autres actes du fond des archives du vieux château de la Roche-Aymou, et de les avoir fait mettre au jour, discuter et obtenir « *place dans un livre qui n'est consacré qu'aux fastes de la maison* » *royale et à ceux des maisons que les plus éminentes dignités du royaume mettent, pour* » *ainsi dire, aux côtés du trône* », et qui contient les avantages de chacune de ces maisons ou par leur antiquité ou par leur illustration.

Le chef-lieu de la terre de la Roche-Aymon est un vaste château et *d'une enceinte très-considérable*, situé sur l'une des roches escarpées qui bordent une petite rivière qui descend des montagnes du pays du Franc-Alleu et se jette dans celle de Tardes, à peu de distance entre les villes d'Evaux et de Chambon, non loin de la rivière du Cher.

Histoire de la Marche et de la Combraille, par M. Jouilleton, tom. 2, pag. 180, édit. de 1814.

Voici ce qui en est dit dans l'histoire moderne de la Marche et de la Combraille : « *La Ro-* » *che-Aymon*, ancien château situé à un quart de lieue d'Evaux, est célèbre par son anti- » quité, par les merveilles romanesques qu'on en raconte, et surtout par l'ancienne et illustre » famille qui lui a donné son nom ».

Il n'en reste d'autres vestiges que d'anciennes fondations à demi-ensevelies sous les ruines du château avec une des tours aussi à demi-ruinées.

Ibid., pag. 233 du 1.er vol.

Après la malheureuse bataille de Poitiers, en l'année 1356, les Anglais vinrent assiéger le château de la Roche-Aymon et sa forteresse; ils en furent repoussés et ne purent s'en emparer.

Les dépendances de la terre de la Roche-Aymon ne s'étendent maintenant qu'en plusieurs paroisses de la Combraille et du pays de *Franc-Alleu ;* le laps des siècles, la négligence de ses maîtres et *la prescription qu'ont admise les nouvelles coutumes* introduites dans les provinces limitrophes, où ils en avaient de considérables, leur en ont fait perdre la plus grande partie. A l'héritage de leurs ancêtres, les seigneurs de la Roche-Aymon n'ont donc pas ajouté les possessions d'autrui par des usurpations et confiscations, puisque, bien loin de l'avoir augmenté par ces iniques moyens, ils ont négligé leurs propriétés, toutefois *imprescriptibles* par le droit de leur noble sang viril salique. De ces mouvances si considérables, il n'en reste non plus que ces quelques paroisses du pays de la Combraille et de celui de Franc-Alleu avec les anciens titres qui en constatent les droits et leur étendue dans les autres susdites provinces ; droits et prérogatives d'étendue qui convenaient éminemment à une terre salique de cette distinction. Aussi, dans cette généalogie, ne lit-on point de ces qualifications ou usurpations de duchés ou de comtés, ni de ces titres d'érections si multipliés ailleurs; en sorte que ces seigneurs peuvent dire à juste titre, de même que le sire de Coucy : *Roi ne veux être, ni duc ni prince aussi.*

Les terres allodiales saliques avaient une telle consistance dès avant l'établissement des rois en France, que tous les historiens en font l'aveu, et notamment le père Daniel dans son Histoire de France, qui se sert de ces termes : « Bien des gens, dit-il, parlent et entendent » parler de la loi salique sans savoir ce que c'est. Il y a là-dessus un préjugé populaire, savoir,

Histoire de France, par le père Daniel, pag. 7 du tom. 1.er, édit. d'Amsterdam, 1720.

---

prouvé aussi nettement *sa noble souche et origine du premier fonds de l'ancienne noblesse de France ou des Francs*, que celle de M. le cardinal de la Roche-Aymon, par *ses propres titres originaux*, par *sa terre salique indépendante de tout roi quelcon-que*, et par *son légitime droit unique de co-propriété de fonds ou d'une substitution PERPÉTUELLE dans le sang salique de tous ses mâles*, ainsi que l'a remarqué M. d'Estrées, qui a dressé la généalogie de la maison de la Roche-Aymon.

» que cette loi ne regarde uniquement que la succession des mâles à la couronne de France :
» *cette pensée est fausse en tous points*. Des soixante-douze articles dont cette loi est composée,
» il n'y en a qu'un en deux ou trois lignes qui ait rapport à ce sujet, encore ne regarde-t-il
» pas la succession à la couronne ; mais cet article appartient généralement aux familles nobles
» de ces temps-là, dont il règle les droits à cet égard (de même que celui de la famille royale
» mérovingienne qui était aussi du premier fonds d'entre cette noblesse). Voici les termes de

Article 6 du tit. 62 intitulé : De Alode, de l'Alleu ou des Alleuds.

» cette loi : *Pour ce qui est de la* TERRE SALIQUE, *que la femme n'ait aucune part à
» cette hérédité,* mais que tout aille aux mâles : *De terrâ verò salicâ, nulla portio hœredi-
» tatis mulieri veniat, sed ad virilem sexum tota terrœ hœreditas perveniat* ».

Histoire d'Angleterre, par Rapin-Thoiras, tom. 3, pag. 249.

« Cette loi, selon que le remarque M. de Rapin-Thoiras dans son histoire d'Angleterre, ne
» regarde que les héritages des nobles et des particuliers ; et le titre *des Alleuds*, sous lequel
» elle est rangée, ne permet pas d'en douter, car *les terres allodiales* étaient celles qui *ap-
» partenaient en propre* à ceux qui les possédaient, et lesquelles étaient indépendantes de
» tout seigneur ».

« Loi qui a été en usage chez tous les peuples dès leur origine, dit le grand Dauphin déjà
» cité, fils de Louis XIV, liv. 1.er de son abrégé de l'Histoire de France, article *Pharamond*.

» Loi conservatrice des familles ; car, selon Aristote, plusieurs villes et contrées ont dé-
» péri quand il n'y a eu que des femmes pour les défendre (la femme est, en effet, le sexe de
» soumission, faible portion de l'homme, un diminutif de l'homme) ; c'est pourquoi, dit-il,
» c'est corruption d'urbanité et de politesse quand on laisse passer l'empire et l'autorité à la
» femme.

Corruptio urbanitatis est, quando ad mulierem pervenit imperium.... Nombr., chap. 27, t. 11, et ch. 36, 7, 8, 9 et 10.

» Loi enfin qui devait être inviolablement gardée par le peuple de Dieu, les enfans d'Israël,
» afin que leurs possessions ne fussent pas confondues en passant d'une famille à une autre ;
» afin que les héritages demeurassent dans chaque famille, et que les tribus ne fussent pas mê-
» lées entre elles, devant demeurer toujours désignées comme elles l'avaient été par le Seigneur
» Dieu ».

Mais, au surplus, loi qui, de la part des Gaulois qui avaient invité leurs frères et anciens
compatriotes les Francs-Gaulois à les délivrer de l'oppression servile et tyranique de la répu-
blique romaine, fut une loi de reconnaissance et de légitimité envers leurs francs libérateurs,
afin de conserver à perpétuité le noble sang viril de ces généreux preux, en excluant de toute
portion d'héritage dans leurs terres saliques, non-seulement les femmes et les bâtards, mais
à bien plus forte raison tout étranger à la famille salique ou tout usurpateur, et en protégeant
perpétuellement et exclusivement tout mâle légitime du sang salique dans ses droits de copropriété ou d'aptitude à posséder la terre salique, le cas y échéant.

Certes, ces anciens preux ayant déjà dans leur sang la noble franchise pour laquelle ils
combattaient contre les Romains, afin de la procurer aux Gaulois, leurs frères, avec leurs antiques coutumes allodiales, dès avant qu'ils eussent élu des rois, ils ne tenaient donc pas d'un
roi quelconque cette noble franchise de leur sang et de leurs terres ; telle qu'ils avaient cette
noblesse de franchise dans leur sang, telle l'ont-ils transmise imprescriptible à leur postérité
masculine et à leurs terres. C'étaient de tels preux, anciens Francs-Gaulois, qui anoblissaient
leur terre, et non la terre qui les anoblissait ; ils lui imposaient leur nom, elle ne leur donnait
pas le sien : *Ego Haymo de Rupe-Haymonis*. Combien donc une telle terre est-elle bien plus

excellemment noble que toute autre terre féodale dont l'*usufruitier*, vassal ou vavasseur, est tenu à un hommage à deux genoux et aux redevances !

La maison de la Roche-Aymon fournit de plus la preuve de ses antiques et nobles franchises dans sa terre de la Roche-Aymon, par le fait de celles du pays de Franc-Alleu qui y est adjacent, et où se trouvent encore présentement ses principales dépendances : ce pays a de tout temps été ainsi appelé et désigné, parce que cette qualification exprime clairement que l'affranchissement des personnes et des propriétés s'est conservé dans cette contrée tel que les Francs l'y avaient établi. Cette franche et allodiale dénomination ne lui a certainement pas été imposée par les rois mérovingiens, ni par les carlovingiens usurpateurs et nés de bâtardise, encore moins par les rois capétiens, puisque cette dénomination signifie tout l'opposé de la féodalité ou de l'asservissement des individus et de leurs propriétés à l'hommage et aux redevances. Mais bien mieux que sa dénomination de *Franc-Alleu*, sa constitution d'affranchissement de toutes sortes de servitudes dans les biens et dans les individus, démontre au plus haut degré d'évidence qu'elle provient de la seule magnanimité des anciens preux Francs-Gaulois; magnanimité si admirable, que seule dans *cet univers politique* il n'y en a jamais eu d'autre exemple ! Non, jamais aucun autre peuple conquérant comme le peuple franc n'a ainsi affranchi le peuple conquis ! Jamais peuple vainqueur, tel que l'a été le peuple des preux Francs-Gaulois contre l'insupportable tyrannie romaine envers les Gaulois, n'a consacré sa vie, son courage et ses moyens à maintenir le peuple délivré et à l'affermir dans les mêmes franchises et nobles libertés que les siennes propres ! Telle est la vraie noblesse qui consiste à se sacrifier pour le bonheur d'autrui et à donner l'exemple de la vraie vertu.

Or, ce fait des franchises du pays de Franc-Alleu est une preuve irrécusable de l'affranchissement dans les propriétés et les individus par les anciens Francs, puisqu'encore en 1789 ces franchises y avaient lieu comme dans le cours des siècles précédens; l'aveu en est constaté tout récemment, quoique en peu de mots, dans la très-intéressante Histoire de la Marche et de la Combraille, imprimée en 1814, à l'article de *Bellegarde, ville capitale du pays appelé le Franc-Alleu*, où, y est-il dit, « *on n'y payait ni cens, ni rentes, ni lods et ventes, ni aucune autre redevance seigneuriale* ». Sur toute la surface de la France il y avait aussi d'autres propriétés franches et allodiales, éparses çà et là, surtout en Languedoc, mais il n'y a eu que le pays de *Franc-Alleu* qui ait toujours conservé sa dénomination avec ses franchises, en preuve de fait, et malgré les envahissantes coutumes nouvelles introduites pour les faire disparaître entièrement peu à peu; ce qui a fait que ce pays de *Franc-Alleu* a été de plus en plus rétréci et restreint entre les provinces du Bourbonnais, de l'Auvergne, de la Marche, etc., au point et jusque-là qu'il n'est plus indiqué que dans les vieilles cartes géographiques de la France.

« Par *franc-alleu* en général, dit un très-savant auteur dans l'histoire de France, on en-
» tend une propriété des immeubles, libre et indépendante de tous seigneurs, fondée sur l'axiome
» du droit, « QUE TOUS LES FONDS SONT CENSÉS LIBRES SI LE CONTRAIRE N'EST PROUVÉ »; au lieu
» que dans le nouveau droit coutumier on pose pour maxime « *qu'il n'est point de terre sans
» seigneur, et que tous les fonds sont assujettis, s'il ne paraît de leur affranchissement* ».
» Le franc-alleu, avant l'arrêt du 27 Mai 1667, par Louis XIV, était ou noble ou roturier;
» mais depuis il est réduit à la dernière espèce, sur le fondement qu'*un franc-alleu noble
» serait une souveraineté*, qui consiste à rendre la justice sans dépendance et sans appel ».

Introduction à la pratique avec l'explication des termes de droit et des coutumes, articles *Franc-Alleu*, par Claude de Ferrières, avocat au Parlement de Paris, etc.; Paris, 1727.

Les jurisconsultes donnent une définition un peu plus détaillée des différens alleuds : « L'alleu roturier, disent-ils, est un héritage exempt de tous droits seigneuriaux; le pro- » priétaire n'est tenu ni à hommage, ni à corvées envers aucun seigneur; il ne paye ni rentes, » ni cens, ni censives, ni relief, ni enfin aucune redevance que ce soit. Cependant ce franc- » alleu roturier n'exempte pas de la justice du seigneur dans l'étendue de la juridiction duquel » il est situé, quand il y a procès ou crime.

« D'autre part, l'alleu noble est celui où il y a justice, mais subalterne et dépendante d'un » autre par appel. *Les femmes* en peuvent hériter (comme le présume le savant Baluze, *De* » *l'alleu féminin de la Tour en Auvergne*) ».

Généalogie de la Tour d'Auvergne, par Baluze, tom. 1.er, pag. 71 de sa lettre, lig. 24. Il avait fait un *Mémoire sur le Franc-Alleu*; ce *Mémoire* est mentionné dans l'un des catalogues de ses M.ss comme contenu dans un de ses portefeuilles qu'il indique, et déposé à la bibliothèque de M. Colbert, c'est-à-dire à celle du roi : on l'y a cherché très-soigneusement, mais inutilement; on l'en avait fait disparaître.

Mais quant au véritable alleu noble et indépendant, ne relevant de personne, les femmes n'en héritent pas; c'est celui où il y a justice souveraine qui ne dérive que de la justice divine et ne relève que de Dieu; il a sa cour de justice et sa chancellerie.

« Dans les autres coutumes, ajoutent-ils, où on a introduit cette règle : *Nulle terre sans* » *seigneur ou qui ne relève du roi*, on n'y souffre pas de franc-alleu sans titres, et on ne » peut l'y acquérir par prescription : *c'est un bien proscrit* ».

Par conséquent encore, *cette règle* introduite par les rois dans les nouvelles coutumes est une preuve de plus que, loin d'avoir créé les alleuds ou terres franches, ils ne veulent pas même les tolérer sans titres, et que le franc-alleu avec ses titres avait sa stabilité et sa permanence en France, dès avant que les rois y eussent usurpé l'hérédité du trône et introduit la féodalité; et par suite de cette vérité, les anciens preux Francs saliques (*Franci bene salici, Francorum Galli*) ont été seuls capables d'un tel acte de magnanimité que celui d'affranchir de la tyrannie républicaine romaine les Gaulois, leurs frères, dans leurs propriétés personnelles.

De ces magnanimes bienfaits de nos anciens preux Francs-Gaulois, il n'en reste non plus d'autres vestiges que le beau nom de *Franc* ou de *Français*, duquel s'énorgueillissent si fort ceux d'aujourd'hui; nom si connu dans l'Orient même, que les Européens n'y sont encore appelés présentement que de ce nom de *Franc*, tandis qu'en France l'histoire même depuis trop long-temps semble craindre d'en parler véridiquement, ainsi que de leurs probes actions; et sans les anciens romans de la plus haute chevalerie, qui en ont retracé certains faits de réalité historique, la mémoire des francs libérateurs des Gaules serait profondément ensevelie dans le grand fleuve d'oubli. La plupart *de leurs obligés*, éblouis ou offusqués à tort à l'aspect de si merveilleuses actions, en détournent les yeux; et l'asservissement à la cupidité féodale en a rendu l'existence comme problématique; mais le pays de Franc-Alleu, avec sa terre salique et sa justice souveraine, est toujours là pour résoudre la proposition à l'affirmative.

En témoignage cependant d'un reste de souvenance et de l'admiration qu'excitaient naguère les anciens preux, il est à propos de faire ici mention de l'exemple qu'en retraçait l'un de ces quelques hommes épars çà et là, et comme réunis en la personne de Jean d'Aumont, maréchal de France, mort en 1595, au rapport de M. de Thou qui, en en faisant l'éloge, se sert de ces paroles :

« *A rege ac universo regno de-* » *ploratus, tantoque in pretio fuit,* » *ut qui nostro œvo, quærendus* » *esset, quis antiquam* FRANCORUM » GALLI EQUITIS, *hoc est, sine fuco-* » *vere fortis ac probi ducis speci-* » *men daret, et corpore et ingenio,* » *referret eum, Aumontium esse* ». (Liv. 111 de l'Histoire de Thou).

« Le roi Henri IV et tous les bons Français le pleurèrent; il était en si haute estime, qu'en » cherchant dans ce siècle *un homme tel que l'étaient les anciens preux*, on aurait d'abord » nommé Jean d'Aumont; il remplissait entièrement l'idée qu'on en a par sa vaillance et son » courage, par sa force de corps et par sa haute taille, enfin par la droiture de son caractère, » par sa généreuse franchise et par sa fermeté ».

Dieu veuille que nos Français d'aujourd'hui essayent d'atteindre à une pareille ressemblance !

Toutefois, la plupart des historiens critiques du siècle dernier et de celui-ci sont donc bien éhontés de ne nous représenter les anciens preux Francs-Gaulois que comme des tartares et des barbares ou comme *des anarchistes*, puisque, tout au contraire, plus on remonte anciennement, et plus ils méritent d'être le modèle de ceux qui leur succèdent.

« A en croire ces historiens, dit M. Fréret dans son écrit de l'*Origine des Français*,
» l'époque de l'établissement de la monarchie des Francs, chez qui la royauté n'était pas héré-
» ditaire, ne serait fixée qu'au règne de Clovis ; jusqu'à ce règne, selon eux, les expéditions des
» Francs n'avaient été que des ravages et des saccagemens, etc. : système nouvellement in-
» venté, leur réplique-t-il, et contraire à toute l'antiquité ; système formellement opposé à
» Grégoire de Tours et à tous les anciens auteurs qui ont parlé de l'établissement des Francs ;
» système enfin qui, sans aucun fondement valable, enlève près de trois cents ans d'antiquité
» à cette nation pour en faire une horde de tartares, et qui n'a d'autre mérite que la nouveauté ».
(*Extrait cité dans le livre de l'Art de vérifier les Dates*, pag. 521.) (*a*)

Que si, n'en déplaise à ces historiens modernes, pour faire l'éloge, au temps de Henri IV, d'un guerrier probe et valeureux, on le compare à ces preux anciens Francs d'avant la monarchie héréditaire en France, y a-t-il à s'étonner que par reconnaissance on ait perfectionné de leur temps, pour eux et leur postérité, cette célèbre loi salique et allodiale déjà en usage parmi eux, comme parmi les autres peuples, dès leur origine ? Encore une fois, y a-t-il à s'étonner de ce que, pour conserver et perpétuer un aussi généreux sang, on ait sanctionné que les droits de ces premiers Francs, consacrés par cette loi, fussent transmis dans le sang de leurs familles saliques, en sorte que ces droits sont bien plus essentiellement vivans dans le sang salique que dans la terre salique elle-même ? ce qui fait que cette terre salique n'a été et n'est possédée légitimement à perpétuité que par le sang salique civil de ses antiques et vieux seigneurs.

Pag. 342 et 343 de la Généalogie de la Roche-Aymon.

« Mais, vous dit-on, les nouvelles coutumes prohibent toute substitution ! »

A la bonne heure pour l'avenir, s'il y avait à craindre que de *nouveaux Francs* survinssent et ne méritassent pas de si beaux droits ! En attendant, jamais nouvelles coutumes semblables n'auront la puissance d'opérer, contre *la plus ancienne et la plus fondamentale de toutes les*

(*a*) Sidoine-Apollinaire, né en 430, mort en 482, évêque de Clermont, représente « les Francs comme invincibles et » sans crainte dans les combats, paraissant encore terribles et pleins de courage lors même que l'âme est près de sortir » du corps ». (*In Panegyric. Majorian.*)

De même Grégoire, archevêque de Tours, qui vivait en 572, et Agathias, historien grec, en 527, recommandent fort les Francs, tant pour leur valeur dans la guerre, que pour leur équité et justice pendant la paix. « *Ils sont tous chré-* » *tiens*, dit Agathias, ils ont même des prélats et des prêtres, et observent les jours de fêtes ; ils sont imbus de très-bonnes » mœurs, merveilleusement courtois, et n'ont rien qui les rende dissemblables de nous, Grecs, si ce n'est la barbarie » de leur langue naturelle et du son de leur voix ; lesquels, certes, doivent être prisés et grandement loués, tant pour » leur vertu et équité envers les autres, que pour leur concorde entre eux, car ils n'ont jamais entrepris de guerre les uns » contre les autres..... » Il ajoute « qu'en se conduisant selon les règles de l'équité, ils se surmontent eux-mêmes princi- » palement, et sont ainsi plus à même de surmonter leurs ennemis.... » *(Extrait de l'introduction aux Annales de Baronius.)*

Il n'est donc pas si surprenant que les Francs-Gaulois, *étant chrétiens*, aient eu dans l'âme et dans leur sang l'héroïsme des vertus et des sentimens chrétiens, qu'y font passer les leçons et les exemples admirables de l'Homme-Dieu, et qu'ils soient qualifiés de barbares et de tartares par leurs descendans, les auteurs modernes français, qui, la plupart, ne sont rien moins que chrétiens.....

Politique sacrée, seconde partie. liv. 8; proposition 1.er, pag. 396, édit. in-4°.

coutumes, l'effet rétroactif d'arrêter dans le sang viril salique la perpétuelle substitution masculine qui en est l'essence : Dieu seul peut l'éteindre; et quoiqu'on ait usé de tous moyens quelconques pour déprimer les maisons saliques, leurs droits et leurs terres, « néanmoins, dit » le grand Bossuet, ce qui convient le mieux, *même aux gouvernemens arbitraires*, c'est » qu'il y a des lois dans les empires contre lesquelles tout ce qui se fait est nul de droit, et qu'il » y a toujours ouverture à revenir contre dans d'autres occasions ou dans d'autres temps; de » sorte que chacun demeure légitime possesseur de ses droits et de ses biens, personne ne » pouvant croire qu'il puisse jamais rien posséder ou usurper au préjudice des véritables et » légitimes lois, dont la vigilance et l'action sont immortelles contre la violence et l'injustice ».

Ainsi, une maison qui, par ses anciens titres originaux, prouve positivement qu'elle a toujours eu le droit de posséder la terre salique de son nom en véritable alleu noble et indépendant, ne relevant de personne, de même qu'elle a celui d'être régie par la loi salique du sang viril ou d'une perpétuelle substitution masculine, cette maison ne peut jamais perdre de tels droits, aussi légitimes qu'imprescriptibles. Or, tels sont ceux de la maison de la Roche-Aymon, desquels droits ont eu nécessairement connaissance dans cette longue suite de siècles, d'une manière ou d'autre, non-seulement les anciennes familles dans lesquelles entraient par mariage les femmes du nom de la Roche-Aymon, mais encore les tribunaux, notaires, avocats et autres personnages publics : elle ne peut donc jamais les perdre.....

Histoire de l'Ordre du Saint-Esprit, par M. de Saint-Foi, p. 101, article de Charles de Lorraine, § 20.

Qu'au sujet de ces titres si positifs on en compare la certitude avec ce qui va être rapporté dans l'anecdote suivante, *historique*, extraite de l'histoire de l'ordre du Saint-Esprit : « La » maison de Lorraine n'a besoin que de sa véritable origine pour être une des plus anciennes » et des plus illustres de l'Europe; néanmoins, pendant les troubles de la Ligue, les princes de » cette maison établis en France, et dont l'ambition se flattait de parvenir à la couronne, imaginèrent qu'il leur serait très avantageux de faire croire qu'ils descendaient de Charlemagne » (petit-fils du bâtard Charles-Martel). Le duc d'Aumale-Lorraine se chargea de faire travailler à cette fausse généalogie. *De tous ces ouvrages méprisables*, celui qui fit le plus de bruit, » ce fut le livre composé par F. des Rosiers, archidiacre de Toul. Le chancelier de Chiverny » crut devoir le dénoncer au conseil d'État comme pouvant faire sur les esprits une impression préjudiciable à la maison royale. Cet archidiacre fut arrêté en 1595, et ensuite amené » au conseil d'État où, à genoux et en présence des grands-officiers de la couronne et *des* » *princes de Lorraine*, il demanda pardon des pièces supposées et des faussetés insérées dans » son ouvrage généalogique; et si son affaire avait été portée devant le Parlement, il eût été » pendu... »

Quel exemple d'impudence et d'effronterie donné au monde par une maison de Lorraine, si illustre parmi les plus illustres de l'Europe! Mais, toutes fausses qu'étaient ces prétentions, elles n'en devaient pas moins offusquer la maison royale par une impulsion naturelle, et lui causer certaines appréhensions à cause de son usurpation notoire sur la maison carlovingienne, usurpation qui était le motif de ces fausses prétentions des princes de Lorraine.

Pag. 93 et 94 de la Généalogie de la Roche-Aymon.

Pièces du procès, aux archives de la maison.

Histoire de la Marche et de la Combraille, seconde partie. p. 184.

Plus noblement franc, Louis Aymon, seigneur de la Roche-Aymon, avait déclaré, plus d'un siècle auparavant, en plein Parlement, à Paris, dans un procès commencé en 1451 et terminé en 1491 : « Que c'était de tout temps et ancienneté, et même dès avant la naissance de notre » Seigneur Jésus-Christ, que ses auteurs étaient seigneurs de la Roche-Aymon, qui était un

» château et roche de grande force et presque imprenable; *qu'ils n'en avaient jamais fait hom-*
» *mage à personne, excepté depuis naguère,* et qu'avec cet avantage ils avaient eu celui
» d'être seigneurs de plusieurs terres et seigneuries qui avaient *formé l'apanage* de plusieurs
» maisons très-puissantes en *Bourbonnais,* en Auvergne, dans la Marche, en Berry, etc.,
» toutes sorties de la même souche »; et cette *assertion en justice* n'a jamais été contredite ni
arguée de fausseté.

Pag. 40 de la Généalogie de la Roche-Aymon.

Depuis naguère, il est vrai, comme l'avoue ingénument Louis Aymon, seigneur de la
Roche-Aymon, la terre de ce nom, avec son vieux château, *avait été enfin convertie d'alleu
noble et indépendant en un fief mouvant du Bourbonnais.* Il est aisé de comprendre combien,
en subissant ce joug, cette terre d'un si haut parage a été dégradée de sa noble indépendance,
et combien plus on a voulu rabaisser ses seigneurs par cette révolution; mais, par sa seule
force d'inertie, leur noble sang se conserve *franc,* tel qu'il l'a toujours été.... Ce fut au temps
d'Aymon IV, seigneur de la Roche-Aymon, mort en 1220, et de son frère Bernard II, sous
les règnes de Louis VIII et de son fils saint Louis (car toutes les actions des saints ne sont
pas saintes), que cette terre salique *des Aymon* fut rabaissée à la triste condition de fief et de
terre féodale. Jusqu'à cette époque, elle n'avait donc relevé de personne, même *couronnée;*
par où l'on voit que le gouvernement féodal a asservi ce que *le gouvernement franc* avait
affranchi et établi plus anciennement.

Archives de la Chambre des comptes, registres des Aveux du Bourbonnais, coté 464, et numéro d'ordre 14209.

Ici, naturellement, se présente cette question : « à savoir, qu'étant très-certain que toute
» renonciation aux nobles droits du sang viril, de la part de quelque individu que ce soit de la
» maison de la Roche-Aymon, ne pouvant jamais porter atteinte ni préjudice même aux
» droits de ce sang dans les autres individus mâles de ce nom, s'il n'y a pas là ouverture à re-
» venir en tout temps contre la renonciation d'un ou de deux individus de cette maison, qui
» ont livré à dégradation servile ces nobles droits du sang de toute leur famille et ceux de sa
» terre? »

Généalogie de la Roche-Aymon, pag. 40.

« L'histoire de *cette révolution,* dit le généalogiste critique lui-même, est un des points
» les plus curieux de notre droit public et qui mériterait le mieux d'être discuté, *ayant été
» ignoré de tous nos historiens généraux et particuliers, parce qu'ils n'ont connu aucun des
» actes qui en font foi;* mais cette discussion eût été d'une grande étendue, dit-il, et le plan
» de l'ouvrage que nous continuons n'en permet aucune ». Singulière manière de se dispenser
de faire connaître ce point des plus curieux de notre ancien droit public, qui avait pour objet
principal la religion, le bien de l'état et la paix, tout en annonçant que les *actes qui en font
foi* ont été ignorés de tous nos historiens généraux et particuliers! Ces actes, qui font foi
de ce point si intéressant, cet auteur les a eus sous les yeux; ils font partie essentielle des
anciens titres originaux de la maison de la Roche-Aymon. Or, il fait l'aveu, cinq pages après,

Ibid, pag. 45.

pag. 45, que *ceux-ci ont été discutés,* et ils l'ont très-certainement été par les généalogistes
de la couronne; mais ces anciens titres ont trop offusqué et ébloui les yeux des partisans
féodaux. Désormais, ils sont donc condamnés à l'oubli et à rester entassés de nouveau au fond
des archives du vieux château de la Roche-Aymon.

§ II.

*Droit perpétuel de copropriété de fonds ; loi particulière de la maison de la Roche-Aymon,
ou substitution masculine perpétuelle dans cette famille, c'est-à-dire la loi salique dans
le sang viril propriétaire perpétuel de sa terre salique.*

Cette loi ou ce droit de copropriété de fonds et de confraternité entre tous les mâles légitimes du même sang dans cette maison, présens et à venir, est ce qu'il y a, en fait de possession territoriale, de plus propriétairement héréditaire et de plus héréditairement propriétaire,
puisque la terre de la Roche-Aymon étant inaliénable à jamais, et ne pouvant être possédée
que par les seigneurs du noble sang viril de ce nom, un chacun d'eux est essentiellement in-
téressé à ce que, non-seulement les femmes ni les bâtards n'en possèdent aucune portion,
mais encore à ce que nul étranger ou usurpateur quelconque ne s'en empare et ne l'occupe
illégitimement.

C'est donc encore là un point fort remarquable dans l'histoire de la maison de la Roche-
Aymon, qu'aussitôt qu'on commence à en connaître les détails, on trouve dans cette maison
ce droit de communauté de fonds ou de copropriété établi et en usage entre ses différens individus mâles, qui a contribué à la rendre aussi nombreuse qu'elle l'a été dans tous les temps, et
conséquemment à en perpétuer le noble sang viril.

Mais c'est en même temps ce qui démontre que, bien avant la connaissance de ces détails
historiques, ce droit fondamental de copropriété avait été établi par les anciennes lois des
Francs-Gaulois, pour atteindre ce but de la perpétuelle conservation des mâles dans leurs familles, en y assignant une terre d'une inaliénabilité imprescriptible. « Dieu me garde, disait

Liv. III des Rois, XXI, 3.

» Naboth de Jesraël au roi Achab, de vous vendre ou de vous céder l'héritage de mes pères,
» *que sa loi me défend d'aliéner!* » Ainsi, cette loi de la copropriété masculine est exactement
celle de la propriété la plus légitime, étant fixée pour toujours dans la même famille, semblablement à celle qui avait lieu parmi les tribus du peuple de Dieu.

Généalogie de la Roche-Aymon, pag. 4 et 5.

« Ce droit de copropriété de fonds est aussi celui qui régit toutes les grandes terres d'Alle-
» magne, et de là vient que tous les individus d'une maison, *aînés ou puînés*, y portent le même
» nom, le même titre d'honneur que leur chef et les mêmes armes, etc.

» On ne peut douter qu'il n'entrât anciennement dans les maximes de notre droit public,
» lorsqu'on voit que souvent les puissances étrangères qui avaient traité avec le roi *(méro-*
» *vingien, de maison salique)* exigeaient que les princes du sang royal, même d'un degré
» très-éloigné, garantissent l'exécution du traité.

» Leur droit de vocation à la couronne les intéressait aussi essentiellement à ce que le roi
» réglait et disposait qu'à l'administration du royaume; et il était de la sagesse que les puis-
» sances qui avaient contracté avec le monarque liassent ses héritiers à un engagement qu'ils
» auraient pu méconnaître à leur avénement à la couronne ».

Ainsi, l'on ne peut douter, non plus, que ce droit n'existât plus anciennement dans les nobles maisons saliques des Francs-Gaulois, puisque c'est l'une d'entre elles, susdite mérovingienne, qui l'a fait entrer dans les maximes de notre ancien droit public, après s'être arrogé
arbitrairement l'hérédité de la couronne.

Généalogie de la Roche-Aymon, pag. 5.

« On ignore si le droit dont il s'agit a été le même dans d'autres maisons des pays adjacens » que dans celle de la Roche-Aymon, parce qu'on n'en connaît point qui ait été subdivisée en

Ibid., page 341.

» un si grand nombre de branches ; mais on a preuve qu'il a été la loi particulière de cette » maison au moins jusqu'au règne de François Ier, et même jusqu'au règne de Louis XIV (*a*),

---

(*a*) Il est curieux de lire l'article *de la Noblesse* dans le livre imprimé et intitulé : *Testament politique* de François-Michel Le Tellier, marquis de Louvois, ministre de Louis XIV (décédé en 1691) ; et dans les autres *Testamens politiques* des ministres Colbert, Richelieu, etc.

En voici un échantillon : « Une partie de la noblesse, dit-il à Louis XIV, ne possède ce titre que parce que leurs pré- » décesseurs l'ont acquise de vos ancêtres à prix d'argent : cette dernière, ainsi acquise, *doit être plus considérée*, parce » que les finances qui ont été fournies à ce sujet ont plus contribué à la gloire de Votre Majesté, que ce qui s'est passé il » y a plusieurs siècles, où nous n'avons pas eu de part. Pourquoi donc ne les préférerait-on pas aux *anciens nobles ?....* Je » conseillerais volontiers qu'on fît les premiers honneurs à ces nouveaux nobles. Cependant, comme les mérites des il- » lustres ancêtres ne doivent pas être tout-à-fait inutiles à leur postérité, de peur de décourager ceux qui voudraient » *marcher sur de si belles traces,* il est bon de laisser leurs descendans jouir de quelques priviléges et *de ne pas les leur enlever* » *tous* ; mais en maintenant l'ancienne noblesse dans quelques-unes de ses prérogatives, il faut chercher *tous les moyens de* » *l'appauvrir et de l'abaisser :* c'est cette politique qui, sous votre règne, etc. »

Quelle politique honteuse que celle de prétexter le bien de l'Etat dans le vil moyen de vendre la noblesse et d'abaisser l'ancienne, laquelle, selon ce même ministre, consiste dans une constante vertu héréditaire de père en fils dans les an- ciens nobles! Heureusement, ni cette sorte de ministres parvenus, ni les rois, n'ont eu et n'auront jamais le pouvoir de vendre, à prix d'argent, une noble antiquité d'origine qui est un reproche vivant et continuel de l'usurpation de ces rois, et qui leur démontre que cette antiquité de noblesse ne dépend pas d'eux. C'est pourquoi ils cherchent à l'éteindre et à la rabaisser en détruisant le franc-alleu, noble et souverain. Telle est leur politique sourde et cachée, afin de tout absorber sous leur autorité qui se perd elle-même par trop d'excès.

Pag. 39 et 40, 69 et 70 du 1.er v. *in-folio.*

Mais sur ce point de fausse et messéante politique de la part de Louis XIV et de ses prédécesseurs, qu'on veuille bien lire, sans prévention, dans leur propre histoire généalogique de la maison dite de France, les diverses usurpations de ses premiers individus sur les rois carlovingiens, leurs bienfaiteurs, et surtout celle de Hugues Capet contre son roi, qu'il retint en prison pendant cinq ans et jusqu'à la mort de celui-ci, à Orléans, et l'on jugera s'il était bienséant à ses suc- cesseurs d'arguer qui que ce soit d'*usurpation.*

Or, l'axiôme éternel du droit porte : « Que ce qui n'a pas été légitime et équitable dans son commencement, ne le de- » vient point par le laps du temps : *quod ab initio, non fuit rectum, tractu temporis non coalescit* ».

Les gens de bon sens s'accordent avec les généalogistes à rechercher, dans quelque famille que ce soit, si la souche en est honorable, en sorte que la tige et les branches participent équitablement aux honneurs de leurs souches ; ils s'accordent encore à dire que si la branche est viciée et reprochée, les rejetons n'ont pas sujet de s'en glorifier : car, disent-ils, d'une source de bitume il n'en découle que du bitume, qui est un liquide noirâtre et fort infect.

Au sujet de ces usurpations, dans son *Abrégé de l'Histoire de France,* pag. 55 et 56, 1.er vol., le président Hénault avoue, avec les autres historiens français : « Que, de même que la race carlovingienne avait dépouillé la race mérovin- » gienne, de même la race capétienne déposséda la carlovingienne, sa bienfaitrice » ; et il ajoute même, aux pages 126 et 127 : « Que rien n'est si suspect que ce qui a été écrit aux temps de ces races usurpatrices ; que tous les historiens » étaient dévoués par une basse flatterie à ces nouvelles maisons régnantes, et qu'ils cherchaient à justifier *ces usurpations* » en mettant ce qui se faisait de bien sur le compte des spoliateurs, et ce qui se faisait de mal sur celui des dépouillés » ; puis à la page 129 : « Hugues Capet, dit-il, fut redevable à ses fauteurs et partisans du changement qui se fit en sa » faveur par l'exclusion des rois, ses bienfaiteurs ; mais, une fois devenu maître, lui et ses successeurs, animés du même » esprit, dont ils ne s'écartèrent jamais, regagnèrent insensiblement tout ce qui avait été usurpé par les seigneurs, ses » partisans.... »

Rien n'est donc plus clair que les rois et les seigneurs ont usurpé..... Certes, on ne lit rien de semblables usurpations dans la généalogie de la maison de la Roche-Aymon, dont l'antique origine a précédé toutes ces usurpations des rois et des seigneurs.

Ne fut-ce pas, en effet, un très-efficace moyen inique *de rabaisser l'ancienne noblesse* (de la part de Louis XIV et de ses ministres, nouveaux parvenus), que celui de faire traduire, pardevant des commissaires royaux, les anciens nobles

» en 1656 , dix ans avant son arrêt du 27 Mai 1667 , contre tout franc-alleu noble et indépen-
» dant avec la justice souveraine ».

Mais ni cet arrêt, ni autres entreprises quelconques, n'ont pu et ne pourront jamais
éteindre ni faire disparaître cette loi du noble sang viril dans la maison de la Roche-Aymon :
tout au contraire, à l'imitation de son droit de copropriété, et dès le temps qu'on connaît les
détails de l'exercice de ce droit parmi ses individus mâles, on trouve aussi des associations et
conventions formées entre ses voisins et alliés, qui s'étaient adjoints à cette famille, afin de
garantir ensemble et mutuellement leurs possessions contre la rapacité des usurpateurs et con-
fiscateurs ; et elles ont été ainsi formées dans ces temps, où le grand nombre des partisans de
la féodalité excitait un tel engouement en faveur du vasselage féodal, que l'on se complaisait
à réduire à l'hommage les choses les plus futiles.

Mais les lois d'alors, qui toléraient ces associations, n'ont jamais souffert qu'elles se formas-
sent *par droit du sang*, semblablement à la loi particulière à la maison de la Roche-Aymon.

Généalogie de la Roche-Aymon,
pag. 21 et 22.

« Ce point-ci des associations entre voisins et alliés est éclairci, ainsi qu'il suit, par les actes
» suivans , dit l'auteur de cette généalogie : Le 16 Mai de l'an 1180 , Aymon II, seigneur de
» la Roche-Aymon, étant dans le chapitre de Chambon, *fit donation* aux religieux de l'abbaye
» de Bonlieu, dans la Marche, entre les mains de Sébrand de Chabot, évêque de Limoges, de
» la dixme d'une terre appelée le *Bouschal,* qui leur avait *été donnée par Guillaume de Saint-*

---

comme suspects d'avoir *usurpé* leur antique origine ? O honteuse dégradation pour les avilissans et les avilis ! Qu'à bon
droit , certains de ces anciens nobles, non usurpateurs, eussent pu dire à Louis XIV : « Commencez vous-même par
» disculper vos ancêtres de l'usurpation d'une antique noblesse, de la couronne, de la loi salique et de tant d'autres
» droits et biens d'autrui ! *Nous qui valons autant que vous, nous ne vous faisons roi et seigneur qu'autant que vous maintiendrez*
» *un chacun, et tous individus quels qu'ils soient, dans ses droits et franchises,* mais non pour les usurper sous le faux prétexte
» de les attribuer à une couronne que nous vous imposons ». (Voy. Moréry, article *Aragon,*)

Quand un roi rend suspecte d'usurpation toute une noblesse, dans son origine, pardevant l'univers, il doit naturellement s'attendre que l'origine de sa propre race sera exposée aux perquisitions de ceux qu'il accuse d'une semblable sus-
picion : c'est ce qui est arrivé à Louis XIV. De son temps même, on a donc reproduit et réchauffé l'opinion qui a percé ,
malgré les adulateurs de sa race , à travers chaque siècle, à savoir : « Que le chef de la race capétienne , *Robert-le-Fort,*
» était fils d'un *étalier* » (en terme radouci); opinion que le célèbre poëte *Le Dante* a soutenue et propagée dans ses
écrits renommés, au treizième siècle, laquelle , à la vérité , lui a attiré une violente persécution de la part de Philippe-le-
Bel et de la maison capétienne ; opinion enfin que le célèbre auteur de l'*Etat de la France* y a consignée , à la page 481 du
1.er volume *in-12* , en la traitant d'*absurde* , mais en faisant remarquer que c'est *une médisance.*

On lit dans la *Cosmographie universelle,* pag. 110 , imprimée en 1543 , les paroles suivantes : « Lors (en 987) s'éleva
» entre les Français un certain Hugues Capet qui usurpa , par force, le royaume de France. Il y en a aucuns qui disent
» que ce Capet était comte de Paris ; les autres ont une autre opinion , à savoir : que son père était *abbé* en un monastère
» et n'était point *homme noble.* Son fils Hugues était de courage fier, ne craignant nul danger, hardi et se faisant redouter
» de tous à cause de sa *tyrannie* ».

Et, quant aux faits des diverses usurpations de la race capétienne , outre ce qu'on en lit dans sa propre histoire généalogique , on n'a qu'à se rappeler la célèbre contestation entre Edouard , roi d'Angleterre, et Philippe de Valois : « Quand
» bien même , disait Edouard à Philippe, la couronne de France serait une *terre salique,* quand bien même vous seriez
» d'une maison salique ou que le sang salique coulerait dans vos veines, vous devriez être exclu de la couronne, puisque
» votre race l'a usurpée , et que la loi salique exclut de toute usurpation d'une terre salique si la couronne en était une ;
» tandis que moi, je ne puis être privé justement de l'héritage que me donne la loi commune des successions , et, qu'en
» ma personne , ce ne sera pas une fille qui montera sur le trône de France. Que si vous voulez vous dire Philippe *le*
» *salique,* ce ne peut être réellement que par le nouvel impôt que vous venez de frapper sur *le sel ,* et ce n'est que par cela
» seul que vous êtes *le Roi de la loi salique* ».

» *Priest ; et ce don* ayant été augmenté par Bernard de la Roche-Aymon, frère d'Aymon II,
» *et par divers collatéraux en 1195 et 1196, Aymon IV confirma tous ces dons, en donnant*
» *aussi les mêmes fonds,* par une charte datée du lieu de Ribairez, paroisse de Mainsat, et
» conçue dans les mêmes termes que toutes les autres et que celles de divers particuliers,
» voisins ou alliés, qui ne font qu'en répéter les dispositions; ce qui montre évidemment que
» les donateurs se regardaient tous comme propriétaires des mêmes fonds, LES UNS PAR
» DROIT DU SANG, et les autres par des conventions que les lois autorisaient, ou mieux,
» qu'elles ne pouvaient empêcher.

» Une des chartes de concession, postérieure de deux ou trois jours à celle du même
» Aymon II, est datée du château de la Roche-Aymon, *comme principale châtellenie* (c'est-
» à-dire comme ayant *cour de justice et chancellerie*); et il y en a une autre dans laquelle
» *deux copropriétaires* d'un des deux mas ou tennemens du *nom de Pradettes, qu'ils possé-*
» *daient héréditairement,* déclarèrent céder à ladite abbaye de Bonlieu, *par l'avis et la vo-*
» *lonté d'Aymon, leur seigneur (cum consilio et voluntate domini nostri Aymonis prædicti),*
» tout le droit qu'ils y avaient et pouvaient y réclamer : *ce qui ne permet pas de douter que*
» *la maison de la Roche-Aymon ne soit du premier fonds de l'ancienne noblesse de France* »,
selon l'expression du généalogiste *critique de cette maison.*

L'acte suivant le prouve aussi manifestement pour le moins. On ne sait pourquoi le généalogiste l'a omis dans la généalogie de la Roche-Aymon; il a cependant été observé et rapporté
par de savans auteurs, qui ont dressé même des têtes de généalogie de la maison *des Aymon*
d'après les extraits qu'ils en ont faits au cartulaire de l'abbaye de Bonlieu, tels que du Bouchet,
Baluze, de Gaignères, dom Pradillon, le célèbre Pierre d'Hozier, MM. de Sainte-Marthe, etc.
Ceux-ci ont tous remarqué cette expression dans cet acte: *vocant Aymonem dominum suum;*
ils appellent et qualifient Aymon II comme étant leur seigneur et souverain. « Jean et Géraud
» d'Aleyrac, gentilshommes, y est-il dit, donnent aux religieux de l'abbaye de Bonlieu un
» certain bien de Vieille-Ville et ce qu'ils pourront en retirer; *vocant Aymonem dominum*
» *suum* ». On le lit ici, en note (*a*), avec les commencemens ou têtes de la généalogie, comme

---

(*a*) Extrait du cartulaire de l'abbaye de Bonlieu, dans la Marche, par dom Pradillon, MM. de Gaignères, du Bouchet,
Baluze, de Ste.-Marthe, qui tous s'accordent à rapporter, dans leurs manuscrits, à la bibliothèque du Roi, à Paris, *la
filiation des Aymon* ainsi qu'il suit, de laquelle filiation le généalogiste a omis un *Aymon (filius alterius Aymonis) :*

AN 1141   *Bernardus de Rupe (filius Aymonis de Rupe) dat quod acquirere poterunt de feualibus Militibus, Baillonibus, Rus-*
et   *ticis, tempore Petri, abbatis :*

1151. *Aymo II, filius ejus, tempore Geraldi abbatis :*

1196. *Aymo III* (mort avant son père Aymon II, et qui a été omis par le généalogiste) :

1196. *Aymo IV, filius alterius Aymonis, dat decimam terræ del Boschal, in manu Sebrandi, Lemovicensium Episcopi.*
1196.

1196. *Joannes et Geraldus d'Aleyrac dant Bailham et quod requirere poterant monachi in quodam manso Veteris-Villæ;*
vocant Aymonem Dominum suum :

      Filii Aymonis IV :

1205. Aymon V, Guillaume, Bernard :

      Filii Aymonis V, dant multa in decimis et aliis redditibus :

1206
et   Guillaume, Guy, Aymon :
1256.

1244. Aymon, etc., dont la filiation se suit jusqu'à présent, sans nulle interruption.

les susdits auteurs les ont extraits du cartulaire de Bonlieu, dans leurs Mémoires déposés à la bibliothèque du roi à Paris.

« Le père d'Aymon II était Bernard Ier, seigneur de la Roche-Aymon, qui, en 1141 jus-
» qu'en 1171, avait fait d'amples donations à la susdite abbaye, dans six ou sept chartes rédi-
» gées sous les premiers abbés; ces donations sont approuvées *par ses fils et neveu en des*
» *actes particuliers ;* mais il y a ceci de remarquable dans l'une d'elles, qu'après y avoir fait
» une de ces oblations entre les mains du premier abbé Pierre, il y donne aux religieux la fa-
» culté d'acquérir tout ce qu'ils pourraient de ses sujets, soit chevaliers et gentilshommes, soit
» baillistres ou emphythéotes, soit paysans *jouissant de fonds en propriété*, et que, dans la
» dernière de ses chartes, Bernard Ier de la Roche-Aymon y énonce la qualité de fils d'*Aymon*
» de la Roche-Aymon, conjointement avec ses frères *Rainond* et *Aymon* ».

Généalogie de la Roche-Aymon, pag. 13 et 15.

C'est à cette antiquité que l'on commence à connaître les détails historiques du droit de co-propriété de fonds et de la perpétuelle substitution masculine ou de la légitime loi salique dans le sang viril de tous les individus mâles de la maison de la Roche-Aymon. C'est, dès-lors, et en ce même temps, que sont connues aussi les associations et conventions de communauté de fonds entre les alliés et voisins de cette maison : elles étaient basées sur la loi particulière qui régissait ladite maison, et ces alliés et voisins étaient *les princes de Chambon*, *ceux d'Aubusson*, *les Barmont*, *les Lacelle*, et autres gentilshommes de race.

Ibid., pag. 194.

La source d'où provient ce droit de copropriété d'une *terre salique*, affecté essentiellement à l'éminente dignité du noble sang viril dans une maison, ne se peut trouver, sans doute, que dans *les anciennes lois* de l'état politique des preux Francs-Gaulois, toujours prêts à aller *en expédition militaire et à chevaucher* pour la défense des *franchises de la France*. Le généa-logiste critique le dit lui-même à l'occasion des seigneurs de Char et autres, du nom de la Roche-Aymon (ce qui sera rapporté dans cet abrégé, pag. 33). Néanmoins, au lieu de s'en

Ibid., depuis la page 158 jusqu'à la page 166.

tenir à cette haute antiquité, il entreprend, à la page 166, une digression de huit pages *in-folio*, sur les fausses prétentions de la maison de Villaines, *pour montrer quelle pouvait avoir été la source de cette loi dans la maison de la Roche-Aymon.*

» L'importance du sujet, dit-il, fera l'apologie de cette digression et en excusera la longueur
» (laquelle pourtant va être restreinte à ce qu'il y a, en effet, de plus important) :

» Gilberte de Mailhoche, fille unique et héritière de Jean, seigneur de Langé en Berry, et
» autres terres en Anjou, Poitou et Maine, et de Jeanne de Greulhe, avait été mariée en 1451,
» dès l'âge de douze ans, à Guy de la Roche-Aymon, seigneur de Fougères, de Fayolles, etc.;
» peu après, elle en eut des enfans.....

Dans l'histoire manuscrite de l'abbaye de Bonlieu, par le sieur de Ste.-Marthe, il est dit : « L'on peut mettre au
» nombre des bienfaiteurs de cette abbaye les seigneurs de la noble et ancienne maison de la Roche-Aymon; » puis il y
fait l'énumération des dons de Bernard de la Roche-Aymon, d'Aymon son fils, du fils de celui-ci, etc. Et ensuite :
« Ces donations, dit-il, ne sont pas seulement pratiquées en la première ligne de Bernard, mais aussi en celle de Guil-
» laume son frère, les enfans duquel, qui étaient Goon, Roger, Guillaume et Belhomme, ont fait une grande donation à
» Bonlieu; si bien que ces quatre frères, fils de Guillaume, donnèrent, en 1195, les dixmes par moitié sur les villages
» de Bouchal, Vieille-Ville, et de Prades, à Bonlieu, toutes lesquelles aumônes sont des marques de la piété qui reluit, il
» y a si long-temps, dans cette noble maison de la Roche-Aymon, etc. »

» Devenue veuve en 1459, elle épousa en secondes noces Claude de Villaines, depuis sei-
» gneur de Mennetou-Couture en Berry et autres terres, qui lui fit de très-grands avantages,
» mais avec plus de dommage que de profit pour elle et pour ses enfans mineurs du premier lit,
» ces avantages lui ayant été contestés après la mort de son second mari, Claude de Villaines,
» tant par une sœur que par un sien cousin-germain, Gilbert de Villaines, qui prétendait que
» les fonds donnés à Gilberte de Mailhoche par Claude de Villaines, son second mari, étaient
» grevés d'une copropriété et substitution masculine, semblable à celle qui existait ancienne-
» ment dans la maison de la Roche-Aymon, et que, par cette raison, Claude de Villaines
» n'avait pu en disposer en faveur de Gilberte de Mailhoche.

Archives du Parlement de Paris, vol. 121, fol. 310 et suiv.

» Le fondement de sa prétention se trouve développé, tel qu'il suit, dans le préambule d'un
» arrêt du Parlement, du 11 Avril 1486, qui jugea définitivement la contestation :

« Philippe de Villaines et Jean de Villaines, frères et gentilshommes, projetèrent, *en 1434,*
» *de conserver à perpétuité le nom et les armes de leur famille.*

» Pour remplir leurs vues, ils firent entre eux *un traité d'association* ou *pacte de famille,*
» dont la principale clause était que la terre de Mennetou-Couture et ses dépendances, tous
» les fonds dont ils étaient pour lors en possession, chacun de son côté, *ou qui pourraient*

Pag. 159 de la Généalogie de la Roche-Aymon.

» *leur échoir dans la suite ou à leurs enfans,* passeraient et demeureraient au dernier mâle
» issu d'eux, nonobstant toutes lois ou coutumes contraires à leur convention, et tous actes
» par lesquels ils pourraient y déroger eux-mêmes ou leurs héritiers après eux; que, s'ils
» avaient des filles, elles ne pourraient venir à la succession tant qu'il y resterait des mâles
» de l'un ou de l'autre frère, et que l'héritier serait tenu de les marier et de les doter raisonna-
» blement, en proportion des droits qu'elles auraient.

» Philippe de Villaines, l'aîné de Jean, mourut le premier, laissant en bas âge quatre en-
» fans, Jean, Claude, Robert et *Philiberte ;* celle-ci fut mariée avec un gentilhomme,
» *Antoine d'Anlezy ;*

» Jean de Villaines, puîné de Philippe, mourut à son tour, ayant eu pour enfans *Gilbert*
» *de Villaines* et deux filles ;

» *Claude de Villaines,* second fils de Philippe et second époux de Gilberte de Mailhoche,
» ne mourut qu'en 1478, et le procès suivit de près l'ouverture de sa succession.

Ibid., pag. 162.

» Sa sœur, *Philiberte* de Villaines, alors veuve d'*Antoine d'Anlezy,* et un fils qu'elle en avait
» eu, nommé aussi *Antoine d'Anlezy,* réclamaient déjà la succession d'un frère, mort sans en-
» fans; et *Gilbert de Villaines,* seul mâle survivant de la famille, entreprenait de faire valoir
» contre elle et contre Gilbert de Mailhoche *le traité d'association et le pacte de famille* que
» Philippe et Jean de Villaines, père de *Gilbert,* avaient fait en 1434.

Ibid., pag. 163.

» Quant au fond de la contestation, Philiberte de Villaines allait jusqu'à nier qu'il eût ja-
» mais pu y avoir eu *un pacte de famille* fait entre son père Philippe de Villaines et Jean son
» frère, oncle de Philiberte et père de Gilbert; elle disait qu'*une disposition de cette nature*
» *n'était permise par les lois qu'entre chevaliers ou gens de race de chevalerie étant en expé-*
» *dition militaire* (qui risquant d'y être occis, par-là même leurs maisons seraient bientôt
» tombées en quenouille et éteintes).

» Elle soutenait que son père et son oncle n'avaient point été *gens de condition si relevée,*
» et qu'en supposant l'existence de ce pacte, il était anéanti par les actes dérogatoires dont il

» avait été suivi ; que son frère Claude de Villaines ne l'avait jamais ratifié ; qu'elle-même ne
» l'avait ratifié qu'étant mineure, et par surprise de la part de son oncle ; que la renonciation
» stipulée par son contrat de mariage n'avait été faite qu'au profit de ses frères, et ne pouvait
» nuire à son fils *Antoine d'Anlezy ;* que sa dot avait été constituée par ses deux frères, Jean
» et Claude de Villaines, et non par leur oncle Jean, etc. ; et qu'ainsi Gilbert de Villaines,
» cousin-germain d'elle, n'avait aucun titre pour recueillir à son préjudice la succession de son
» propre frère Claude de Villaines.

» Gilberte de Mailhoche et son fils du premier lit, François de la Roche-Aymon, étaient
» aussi modérés dans leur défense que dans leur conduite, soit avec leurs adversaires, soit en-
» vers les officiers de justice que ceux-ci employèrent.

» Quant à Gilbert de Villaines, il n'épargnait aucun moyen de droit, ni aucune sorte de
» raisonnement pour obtenir la succession de son cousin-germain Claude de Villaines, à l'ex-
» clusion de sa veuve Gilberte de Mailhoche et à celle de Philiberte de Villaines, sœur dudit
» Claude de Villaines.

Généalogie de la Roche-Aymon, pag. 164.

» Il niait, contre Gilberte de Mailhoche, l'existence d'aucune donation entre-vifs par Claude
» de Villaines, son second mari, au fils de son premier mari, Guy de la Roche-Aymon, père
» de François de la Roche-Aymon, donataire, etc.,

» Et disait, contre Philiberte, qu'une des conditions du pacte de famille fait entre leurs pères
» respectifs, avait été qu'ils seraient les maîtres de ne pas habiter ensemble ; et qu'en supposant
» que les actes postérieurs à ce pacte eussent opéré la dissolution de l'association, la clause qui
» déférait leur succession au dernier mâle issu d'eux n'en était pas moins demeurée dans sa
» force et vertu, et que ses effets ne pouvaient lui être contestés, puisqu'il était le seul mâle
» qui restât de leur nom ; .... et pour établir la permanence de la communauté ou copropriété
» de fonds entre les enfans et descendans des deux frères, il disait que Philiberte avait été ma-
» riée et dotée à frais communs, que la renonciation par elle faite en son contrat de mariage, etc. »

Ibid., pag. 165.

» Enfin, le Parlement rendit l'arrêt définitif du 11 Avril 1486, par lequel Philiberte de
» Villaines fut maintenue dans la possession du château, terre et seigneurie de Mennetou-
» Couture, de tous les propres de son frère Claude de Villaines, à la charge du douaire de
» Gilberte de Mailhoche ; celle-ci et Gilbert de Villaines déboutés de leurs prétentions, avec
» dépens ; et le fils de son premier mari, François de la Roche-Aymon, privé, par les dispo-
» sitions de cet arrêt, des effets de la donation entre-vifs de Mennetou-Couture à lui faite par
» le second mari de sa mère, Claude de Villaines, le Parlement ayant jugé que Philiberte de
» Villaines était devenue héritière de ladite terre au moment de la mort de Claude de Villaines,
» sans avoir aucunement égard au tort que celui-ci avait fait à François de la Roche-Aymon,
» dont une partie des deniers avait été employée par Claude de Villaines à payer les créanciers
» de Mennetou-Couture.

Ibid., pag. 166.

» Il y a une remarque à faire, dit le généalogiste, sur un des principes de droit public qui
» était opposé par Philiberte de Villaines à son principal adversaire, au sujet du traité que leurs
» pères avaient fait ensemble en 1434.

» C'est celui qui restreint *aux chevaliers étant en expédition militaire* la faculté de faire
» entre eux des pactes de famille de cette nature. Les termes dans lesquels est conçue la res-

» triction montrent que celui de *chevalier* ne signifiait plus ce qu'il avait signifié dans son
» origine (ce qui signifie, bien auparavant les Croisades).

» Il y désigne un homme qui a eu l'honneur d'être armé *chevalier*, ce qui était une récom-
» pense du service militaire; au lieu qu'il aurait dû être pris en même sens que dans la fa-
» meuse loi bretonne, qu'on appelle l'*Assise du comte Geoffroy*, qui n'était faite que *pour
» l'ordre des barons et chevaliers*, c'est-à-dire pour la portion de la noblesse qui occupait le
» premier rang parmi celle de la province, parce qu'elle était aussi ancienne que la constitution
» du pays.

» Cet usage de lois particulières *à un certain ordre de citoyens*, n'est point étonnant pour
» quiconque connaît *la constitution primitive du royaume;* il était un des derniers restes
» DE L'ANCIENNE ANARCHIE FRANÇAISE, qui a heureusement disparu avec le temps
» sous l'autorité unique du monarque et de ses lois ».

C'est par cette expression d'*ancienne anarchie française*, dardée par cet auteur critique
contre ce certain ordre de citoyens, c'est-à-dire contre les anciens francs *chevaliers*, auteurs
de la *constitution primitive* en France, qu'est terminée sa digression sur les prétentions
annulées de la maison de Villaines.....

M. Fréret aurait pu lui dire aussi, *qu'à l'en croire*, ainsi que la plupart de ses confrères
les historiens modernes, *il faisait une horde de tartares et d'anarchistes de ce certain ordre
de citoyens* qui usaient de ces lois particulières basées sur la constitution primitive des Francs,
lesquelles les rois ont malheureusement fait disparaître. Le résultat de la disparition de ces
lois particulières, qui corroboraient et servaient de rempart à l'autorité bien réglée du monarque, n'en est que plus visiblement affreux *par la présente anarchie française* qui a fait disparaître et les rois *et leurs lois ;* car, en ne respectant pas *et en faisant disparaître avec le
temps* ces lois primitives et fondamentales, les rois ont donné à leurs sujets le funeste exemple
et l'occasion prochaine de faire aussi disparaître en très-peu de temps leurs lois et leurs personnes royales, même la loi éternelle de Dieu. Or, *ces sujets-ci* ne sont certes pas provenus
de ce certain ordre de citoyens francs qui faisaient usage de lois particulières, qualifiées *de
derniers restes de l'ancienne anarchie française* par ce généalogiste critique.

§ **III**.

Origine et nom de la maison de la Roche-Aymon.

L'ensemble des particularités à remarquer dans la maison de la Roche-Aymon *ne permet
pas de douter*, selon l'expression déjà citée du généalogiste, *que cette maison ne soit du premier fonds de l'ancienne noblesse de France ;* noblesse qui, certes, n'a pas été créée des rois,
ni acquise d'eux à prix d'argent, puisque c'était cette noblesse qui élisait ses rois.....

Généalogie de la Roche-Aymon,
pag. 22.

Il est tout naturel, pour lors, que les seigneurs de la Roche-Aymon s'en tiennent à leur
antique origine. Leur maison fait souche et tige avec de nombreux rameaux. Elle a donné
origine à plusieurs autres maisons, mais elle n'a reçu la sienne d'aucune à elle étrangère. De
sa part, ce serait commettre une bévue trop marquée que de méconnaître ainsi ses anciens
titres originaux, et prendre le change trop aveuglément si elle cherchait à en emprunter dans
toute autre maison : où en trouverait-elle ailleurs qui convinssent aussi bien à son noble sang

viril, à sa terre allodiale indépendante, que ceux qu'elle possède aux archives de son vieux château? Quelle autre race lui communiquerait son droit d'une perpétuelle substitution masculine et d'une copropriété de fonds entre ses individus mâles perpétuellement?

Cependant, diverses opinions ont été émises par de savans personnages qui, n'ayant pas eu connaissance, non plus qu'aucun de nos historiens généraux et particuliers, de ses anciens titres originaux, ni des actes qui font foi *du véritable alleu noble et indépendant* de la terre de la Roche-Aymon, opinaient pourtant si favorablement pour elle, qu'ils lui cherchaient une autre origine dans les plus anciennes maisons, mais ailleurs que dans sa propre souche. Ces favorables opinions méritent donc une réponse satisfaisante.

Les uns la font descendre de *celle des quatre fils Aymon*, qui ont réellement existé et combattu contre Charlemagne pour leurs franchises et leur indépendance, spécialement *sur la Roche* si célèbre dans les anciennes histoires de haute chevalerie. On renvoie ce qu'on en peut dire à la note (*a*)....

(*a*) L'opinion qui fait descendre la maison de la Roche-Aymon des quatre fils Aymon n'a besoin que d'être rectifiée, c'est-à-dire que les quatre fils Aymon étaient eux-mêmes de la maison des *Aymon*, dont la souche antique prend ses racines dans le premier fonds de l'ancienne noblesse des Francs, et de laquelle le duc Aymon, leur père, tirait son origine noble et indépendante. Et, d'abord, la vérité de leur existence est constatée par des preuves certaines; voici ce qu'en dit le savant du Bouchet dans ses *Annales d'Aquitaine*, page 93 et 94 de la 2.ᵉ partie : « L'archevêque Turpin (mort en l'année » 800, et inhumé à l'abbaye de Sordes, diocèse d'Acqs, en Gascogne, aux funérailles duquel Charlemagne assista à son » retour de l'expédition d'Espagne) a écrit la chronique de Charlemagne : on ne saurait démentir un tel auteur dans ce » qu'il atteste et certifie, puisqu'il était archevêque de Rheims (un saint homme et digne d'être cru), lequel fut présent » à l'expédition et guerre d'Espagne par Charlemagne, et que trop mieux on pourrait démentir ceux qui en ont écrit » après lui et après que les choses ont été passées. Cette chronique fait mention des princes qui accompagnaient Charle-» magne, et parmi eux est nommé *Regnauld* qui, depuis, tua *Eigoland*, chef des Turcs ou Sarrasins, devant Pampelune... » Puis, du Bouchet, à la marge de la page 94, indique l'article dont il va traiter, par ces mots : « *Ce que c'est des quatre fils* » *Aymon*. Il y a, dit-il, plusieurs choses écrites de Charlemagne au livre qu'on nomme *Fier-à-Bras*, au livre de *Regnauld* » *de Montauban*, en celui d'*Oger le Danais* et en celui de *Huon de Bordeaux*, qui sont choses songées, faites à plaisir pour » le passe-temps des gentilshommes; mais il est bien vrai qu'*il y eut un duc Aymon*, qui eut quatre fils, l'on desquels était » appelé *Regnauld de Montauban*, et semblablement *Oger de Danemarck*, Huon et autres seigneurs, tels que le fameux » Roland, etc.; et crois *que ledit duc Aymon* était du pays de Saxonne, où il y eut douze batailles faites à diverses fois par » le roi Charlemagne; *et les quatre enfans du duc Aymon étaient les principaux auteurs de la plupart d'icelles*, qui, depuis, » entrèrent en la grace du Roi; et s'en alla ledit *Regnauld* en Gascogne, où le roi lui donna un château appelé *Mon-» tauban*, et autres choses n'en trouve par les véritables et approuvées histoires.... » (Du Bouchet y rapporte que la haute stature de Charlemagne était de *huit pieds*.)

Froissard raconte, dans son Histoire chronique depuis l'an 1324 jusqu'en 1399, pag. 443 du 11.ᵉ vol. (nouvelle édition de MDCCCXXXVI), que : « dans tous les châteaux, aux marches de Gascogne, qui appartenaient jadis à *Regnauld* » *de Montauban et à ses frères*, il y avait des souterrains; que, pendant qu'ils guerroyaient contre Charlemagne, ils les » avaient fait ordonnner de cette façon *par le conseil de leur cousin Maugis*, et que, lorsque Charlemagne les assiégeait à » puissance, ils s'en échappaient sans prendre congé ». Froissard rapporte ce que dessus comme en un dialogue et conversation tenue entre Hugues de Froideville, sénéchal de Toulouse en 1390, et messire Gaucher de Passach, alors capitaine général du roi de France en ses provinces du Languedoc et Gascogne; à la fin de laquelle conversation messire Gaucher de Passach répondit au sénéchal de Froideville : « Par ma foi, dit-il, j'en prise bien l'ordonnance; je ne sais si je » serai jamais guerroyé de roi, de duc ou de voisin que j'aie; mais moi, retourné en mon pays, j'en ferai faire un (sou-» terrain) en mon chastel de Passach (en Berry, près du Limousin) ». Les châteaux que nomme Froissard, à l'an 1388 de ses chroniques, et *qui furent de Regnauld de Montauban et de ses frères*, sont désignés sous les noms de *Pulpiron*, de *Crémale*, de *la Baussée*, de *Mastulle*, de *Roies*, de *Rochefort, et autres* sur les frontières d'Espagne.

En son savant ouvrage des *Recherches sur les Antiquités des villes et châteaux de France*, André du Chêne y fait mention

D'autres supposent que la conformité des plus anciens sceaux de la maison de la Roche-Aymon avec les armes de la maison d'Aubusson semble annoncer *avec quelque fondement* une identité primordiale de ces deux maisons.

Par l'observation déjà faite ci-dessus, à savoir, que ce n'est qu'aux archives du château de la Roche-Aymon que se trouvent les anciens titres originaux qui ne s'adaptent qu'à la maison de la Roche-Aymon et à ses droits particuliers à elle, on a répondu d'avance à cette opinion, quelque honorable qu'elle soit.

La même observation sert également de réponse à l'opinion d'une pareille identité primordiale de la maison des anciens princes de Chambon et de la maison de la Roche-Aymon, entre lesquelles, cependant, comme avec celle d'Aubusson et celle des anciens sires de Bourbon-Aymon, il y a eu tant de liaisons et d'alliances, tant de rapports d'armoiries, de prénoms, qu'il est très-plausible qu'elles proviennent toutes d'une souche commune dont les racines se

---

de ce château (considérable autrefois, mais actuellement en ruines), que les gens du pays appellent encore présentement le *château des quatre fils Aymon ou de Montauban*, et qui est situé près du port de Cubzac, sur Dordogne, à quatre lieues de Bordeaux ; un peu plus loin, au-delà de cette ville, on y montre les vestiges d'un autre château considérable, connu sous les mêmes noms et situé sur la Garonne, entre Caudrot et la ville de la Réole.

Le dictionnaire de Moréry porte, à l'article *Aymon* : « Qu'Aymon, prince des Ardennes, fut le père de ces quatre » preux qu'on appelle *les quatre fils Aymon* ; que *le prince Regnaud*, l'aîné des quatre frères, après avoir été un grand » guerrier au règne de Charlemagne, se fit moine à Cologne ; qu'il y mourut martyr ; et qu'à cause des miracles opérés à » sa mort, on y bâtit une église en son honneur ». Il y en a aussi une dite de Saint-Renaud, à Dortmund en Westphalie. Moréry cite *Bertels*, *Histoire du Luxembourg*, et *Ferrarius* en son Catalogue des saints, au 7 de Janvier.

Dans la vaste forêt des Ardennes, on voit encore, sur les sommités de quatre monticules, près Schöneck, les ruines et restes de quatre châteaux qui ont appartenu *aux quatre fils Aymon*.

Le célèbre Pierre d'Hozier, dans ses manuscrits de l'an 1630, concernant les preuves de noblesse des chanoines comtes de Lyon, y dit, à l'article de celles d'*Antoine de Talaru*, en 1496, que « son arrière grand-père maternel, *Jean de la Roche-Aymon*, en Combraille, est de la *maison des quatre fils Aymon* (desquels le prénom était Renaud, Alard, Guichard ou Witard, et Richard).

Au livre du *Promptuaire Armorial*, partie des hommes illustres, pag. 33, édition de 1658, on lit ces mots : « *Les quatre* » *fils Aymon*, si renommés dans toutes leurs expéditions militaires, ont été des plus grands héros du règne de Charlemagne ; » ils ont donné origine à la très-noble race de la Roche-Aymon, dont le chef est maintenant, en 1656, Renaud, fils » d'Antoine de la Roche-Aymon et de Marie de Lusignan, et petit-fils d'autre Renaud, seigneur de la Roche-Aymon et » d'Antoinette de Brichanteau, fille du marquis de Nangis, chevalier des ordres du roi, et d'Antoinette de la Rochefou- » cauld. Les cadets de cette maison sont le marquis de Saint-Maixent, dans la Marche, et les seigneurs de Prémillac, en » Périgord ». Et à la table ou indice de ce livre, pag. 1.re, les armoiries d'Aymon et de ses quatre fils sont blasonnées de même que celles de la maison de la Roche-Aymon, à savoir : « De sable au lion d'or, semé de trèfles de même ou de mo- » lettes d'or, comme elles y sont peintes audit livre, pag. 33 ».

Portant leurs bannières avec les mêmes armes que ci-dessus, *les quatre fils Aymon*, *sur le cheval Bayard*, sont peints dans plusieurs vignettes de divers chapitres au *Nobiliaire de Touraine*, et autour est écrit *la Roche-Aymon*.

Ces différens articles d'auteurs connus et de monumens encore visibles certifient suffisamment aux gens sensés la réelle existence du *duc Aymon et de ses quatre fils*; et leurs aventures, romanesquement ampoulées dans les anciens livres de haute chevalerie, loin de donner occasion à nier leur existence, n'en reçoivent qu'un plus grand lustre par leur accord avec ce que les *histoires approuvées* en avouent ; en sorte que leur chevaleresque valeur, durant le cours de leur vie, n'en est ainsi que mieux constatée par les combats qu'ils ont eu à soutenir pour leur noble indépendance contre la colossale puissance usurpatrice de Charlemagne. Ils sont connus bien plus avantageusement en Allemagne qu'en France....

Enfin, au vieux château de la Roche-Aymon, on a conservé l'immémorial usage d'y promener, autour de sa vaste enceinte intérieure, *sur un seul cheval*, les fils du défunt seigneur de la Roche-Aymon, à chaque mutation d'hérédité....

Au même vieux château, *il y a toujours eu jusqu'à présent l'appartement dit des quatre fils Aymon*.

sustentent et s'affermissent sur les preuves irréfragables des anciens titres que produit *la maison des Aymon*.

A cet effet, et pour rappeler l'illustre relief de ces maisons dès long-temps les plus anciennes, on met ici une courte notice sur chacune d'elles (*a*).

(*a*) Notice sur la maison des princes d'Aubusson et sur celle des princes de Chambon, extraite de l'Histoire de la Marche et de la Combraille, pag. 81 et suivantes, et pag. 93 :

Ebon, prince d'Aubusson, est qualifié de ce titre dans une charte rapportée en entier (au tome II du *Gallia Christiana*, pag. 548), par laquelle *Carissime, fille d'Odon, prince de Bourges*, fonda *en l'année* 752 le monastère de Rozeille, près Aubusson, dans la Marche. *Le père d'Ebon vivait en l'an* 732 ; ce fut lui qui accorda la permission à quelques Sarrasins échappés de la bataille de Tours, gagnée par Charles-Martel, de s'établir à Aubusson.

Le fils d'Ebon fut *Turpion*, qualifié aussi de prince d'Aubusson dans un diplôme *de l'an* 803, par lequel Charlemagne ratifie et confirme aux religieux dudit monastère de Rozeille les dons que leur avait faits son père Pépin-le-Bref, fils du bâtard Charles-Martel. Turpion y est nommé le premier d'entre tous les princes, même avant le palatin et les grands-officiers de la couronne.

Son fils *Renaud I* n'est titré que de *vicomte*, sous les comtes de la Marche, établis par Charlemagne. Ce vicomte Renaud fit des donations à l'abbaye de Tulle, l'an 887. Il laissa quatre fils du plus grand mérite ; savoir : *Renaud II*, vicomte d'Aubusson ; *Turpion*, évêque de Limoges en 898 ; *Aymon*, abbé de Saint-Martial de Limoges, et *Boson*, abbé-laïc de Rozeille et d'Evaux, en Combraille.

Renaud II eut pour fils *Robert I*, vers 959. Le fils de celui-ci fut *Renaud III*, l'an 1000. *Ranulfe I*, son fils, fut tué en l'an 1031 ; il avait eu deux fils de sa femme *Godelinde*, successivement vicomtes d'Aubusson, *Renaud IV*, et *Ranulfe II*, principal fondateur du couvent de Blessac. Celui-ci laissa plusieurs enfans, parmi lesquels *Renaud V*, vicomte d'Aubusson, duquel la filiation est suivie jusqu'à présent sans interruption, et une fille, *Farelde*, épouse d'*Aymar de la Roche*, fils de Witard ou Guichard de la Roche, grand-seigneur du pays, dont l'un des descendans, Hugues, sire de la Roche-Tournoëlle, épousa en 1343 la sœur du pape Grégoire XI, et nièce de Clément VI, dauphine de Beaufort. (*Voyez*, *pag.* 412 *de la généalogie de la Roche-Aymon, celle de cette branche de Tournoëlle, etc.*)

Entre la maison d'Aubusson et les nombreuses branches de celle de la Roche-Aymon, il y a eu au moins sept alliances directes.

Quant aux princes de Chambon et de la Combraille, il est certain, dit l'estimable historien de la Marche et Combraille, pag. 371 du 1.er volume, qu'il existait des princes de ce nom *antérieurement à l'époque où les terres franches et seigneuriales furent asservies et divisées en fiefs par Charlemagne*, qui les usurpait et les confisquait sur les seigneurs, lesquels naturellement s'y opposaient et soutenaient leur indépendance protégée par les rois mérovingiens. Charlemagne les distribuait ensuite à ses partisans et aux officiers de ses armées, comme les tenant de lui, avec la condition de l'hommage et de la fidélité envers lui. Cependant, si les seigneurs se soumettaient à cette condition de foi et hommage à sa personne, il leur restituait leurs terres et seigneuries, mais non plus franches. C'est ainsi que par lui le prince de Chambon fut maintenu dans sa seigneurie, mais comme *vassal et feudataire de la Combraille*. Toutefois, il est assuré qu'avant ce bouleversement, la maison des princes de Chambon existait, puisque, parmi les signataires de la charte, déjà citée, *de la princesse Carissime, en l'année* 752, on y lit la signature d'un prince de Chambon, du nom de *Rigaud*, qui suit immédiatement celle d'*Ebon*, *prince d'Aubusson*.

Au commencement du neuvième siècle, c'est-à-dire vers l'année 814, époque de la mort de Charlemagne, *Bernaud, fils ou petit-fils de Rigaud, prince de Chambon, se reconnut feudataire du comte de Limoges*, établi par Charlemagne. *La féodalité héréditaire se consolidant entièrement* par l'usurpation de Hugues Capet sur la race carlovingienne, le prince de Chambon était alors *Amélius I* ou Ameil. On le trouve vers l'an 954, sous le règne de Louis IV, *d'Outre-mer*. De sa femme *Godelinde* il eut trois fils, *Albert*, Ameil et Willerme. *Albert* est dit *prince de Combraille* dans la charte de fondation du prieuré de Malval, en 1038. A la fin de cette charte on lit : « *Que nulle puissance, nulle personne du dehors ne pourra intervenir dans les affaires particulières de ce monastère, ni en avoir l'entrée, si ce n'est l'évêque de Limoges et les princes de Chambon* ». Ce même Albert, prince de Chambon, figure avec Guillaume de la Roche-Aymon comme cautions et ôtages qui garantirent un traité du 3 Août 1031, passé entre Guillaume, comte de Poitiers et de Limoges, d'une part, et l'évêque de Limoges, Jourdain de Laront, d'autre part. Il avait épousé Déa de la Quille, dont il eut une fille mariée à Archambaud III, des anciens sires de Bourbon, et un fils, Ameil II, connu par une charte citée dans l'Histoire généalogique de la maison de Courtenay. De sa femme Alix, fille du baron de Saint-Julien, Ameil II eut trois fils et une fille, mariée

Enfin, d'autres auteurs, principalement ceux des *Mémoires de Trévoux*, présument que la maison de la Roche-Aymon pourrait être une branche de la maison des anciens sires de Bourbon. Cette opinion exige qu'on en traite avec un peu plus d'étendue. En voici le texte :

Extrait de l'art. LXVIII des *Mémoires de Trévoux*, année 1729, mois de Juillet, pag. 116 et suiv., sur l'Histoire généalogique de la Maison royale de France, des Pairs et Grands-Officiers de la Couronne, par les PP. Ange et Simplicien, au vol. III, *in-folio*, pag. 930, article *des anciens sires de Bourbon*.

« Les anciens seigneurs de Bourbon remontent à Aymon I.er (d'autres disent Aymar), vivant en l'an 916 et 921; il fut le sixième aïeul d'Aymon II, sire de Bourbon en 1099. Ce nom d'*Aymon*, commun parmi les seigneurs de Bourbon et les seigneurs de la Roche-Aymon, pourrait éclaircir une question qui a excité la curiosité ; savoir : pourquoi les armes de l'ancien Bourbon se trouvent sur le frontispice du vieux château de la Roche-Aymon, en Combraille ? Quelques-uns, opinant favorablement pour les seigneurs de la Roche-Aymon, qui en possèdent la seigneurie depuis plus de 400 ans, de père en fils, ont conjecturé qu'ils pourraient sortir de l'ancienne maison de Bourbon. Il suffirait peut-être, ajoutent ces sages écrivains, de conjecturer que ce château appartenait à quelqu'un des seigneurs de Bourbon avant qu'il appartînt à la maison de la Roche-Aymon ».

Ces sages écrivains n'avaient qu'à pousser leur curiosité un peu plus avant en faisant cette autre question : « Y a-t-il dans ce vieux château de la Roche-Aymon quelques vieux titres qui prouvent quelque chose de plus encore que ce nom d'*Aymon*, familier entre les deux maisons de Bourbon et de la Roche-Aymon, avec leurs armoiries communes entre elles et sculptées sur le frontispice du vieux château des *Haymon ?* »

Car, s'ils avaient eu connaissance de ces anciens titres originaux, *qui y étaient, et qui apprennent* positivement que la maison des *Aymon* a toujours possédé sa terre et son château de la *Roche-Aymon* en véritable alleu noble et indépendant, ne relevant de personne, ils en auraient d'abord indubitablement conclu que cette maison possédait son château et sa terre depuis bien au-delà de 400 ans, de père en fils; et puis leur opinion n'en serait devenue que plus favorable à l'égard de l'identité d'origine entre ces deux maisons, surtout s'ils s'étaient rappelé,

---

à Guy de Laront, seigneur de Lastours en Limousin et prince de Terrasson en Périgord. Ses trois fils furent *Guillaume*, qui continua la postérité ; *Ameil*, qui fonda l'abbaye de Boulieu, en 1121, et fut l'auteur de la branche de Chambon-Saint-Julien, dont la filiation s'est perpétuée jusqu'à présent, et avec laquelle la maison de la Roche-Aymon a contracté huit alliances directes (*ces deux maisons portent les mêmes armes*) ; le troisième fils d'Ameil fut *Archambaud*, abbé du Dorat en 1030. *Guillaume*, fils aîné d'Ameil II, fut de la première Croisade, en 1099, et père d'Ameil III, qui épousa Dalmatie de la Roche, selon du Bouchet. Devenue veuve d'Ameil III, elle épousa en secondes noces, vers 1172, Eustorge de la Roche-Aymon, son voisin, et en eut Raoul de la Roche-Aymon, archevêque de Lyon en 1235, et ses frères. De son premier mariage avec Ameil III, prince de Chambon, elle avait eu trois fils et deux filles, *Hugues, Alard* et *Albert, Gualiarda*, abbesse de Brageac en 1202, et *Pétronille* ou *Pernelle*, princesse de Chambon, qui fut héritière de ses frères, morts sans enfans, et mariée au comte Guy II d'Auvergne en 1180. Ce mariage fit passer la principauté de Chambon et de la Combraille dans la maison des anciens comtes d'Auvergne.

Voilà donc des maisons qui, par des actes et des titres authentiques, prouvent non-seulement leur haute et antique noblesse dès avant Charlemagne, mais encore qu'elles portaient leurs noms de famille, et qu'elles possédaient leurs terres et seigneuries en franchises et *en franc-alleuds*. L'histoire même y est conforme ; car,« encore sous le règne du fils de Charlemagne, qui était appelé Louis-le-Débonnaire, celui-ci, en faisant le partage de l'empire entre ses trois fils, *permit à tout homme libre et sans seigneur* de se rendre *le vassal* de celui de ces trois princes qu'il voudrait se choisir. Ce qui prouve, dit le président Henault, qu'il y avait pour lors en France *des francs et nobles francs* ». (*Pag. 74 et 76 de l'Abrégé de l'histoire de France.*)

Au reste, si les princes de Chambon et les princes d'Aubusson ont été rabaissés à la condition *de feudataires et de vassaux* (de seigneurs libres qu'ils étaient), les seigneurs de la Roche-Aymon se conservèrent francs et indépendans dans leur noble sang viril et dans leur terre salique jusquesous saint Louis.

Histoire de France.

Histoire du Languedoc, par dom Vaissette, tom. I.er, pag. 418.

Annales d'Eginard.

(Vaïfre, par son cinquième aïeul Charibert, roi de Toulous, duc d'Aquitaine, comte d'Auvergne, descendait de Clotaire II, roi de France, petit-fils de Clotaire I.er, et celui-ci arrière petit-fils de Clovis I.er)

pour lors, avoir lu dans l'Histoire de France, dans celle du Languedoc, aux annales d'Eginard et autres, que le château de Bourbon était possédé, *en l'année 761*, par Waïfre ou Gaïfer, duc d'Aquitaine, comte d'*Auvergne* (de la race royale mérovingienne), sur lequel il fut pris en cette même année par Pépin-le-Bref, qui le fit brûler (ainsi que ceux de Turenne, de Scoraille, de Peyrusse et autres, du même duc d'Aquitaine), car ils en auraient induit immanquablement qu'avec plus de vraisemblance les Aymon de Bourbon provenaient plutôt du vieux château des *Aymon* que de celui de Bourbon.

Ce fait-ci du château de Bourbon, pris et brûlé *en 761*, est si bien constaté par l'histoire, qu'il y est observé que Charlemagne, *né en 742*, fils de Pépin-le-Bref, fit ses premières armes dans ces contrées du Bourbonnais, ravagées et saccagées par le père et le fils.

Toutefois, il est certain que les *Aymon de Bourbon* ont possédé la sirie de Bourbon, *même comme terre salique*, peu après la mort du duc Waïfre, lequel Pépin-le-Bref fit assassiner en 768, et qu'ils ont fondé le monastère de Souvigny, en 916 et 924, près de Bourbon. (Depuis cette époque, la filiation se suit, et l'on remarque qu'à chaque degré l'un des individus y porte le nom d'*Aymon*.)

Histoire du Languedoc, pag. 425 et 426 du même tome *in-folio*.

Dans son Catalogue des connétables de France, réimprimé en 1595, Le Féron fait mention d'*Archambaud de Bourbon*, connétable en 875, et dit qu'il portait pour armes « un lion enfermé dans une orle ou » bordure de coquilles, et qu'il » laissa cette orle en prenant pour » brisure une molette d'éperon sur » l'épaule gauche du lion ».

Voyez aussi le Promptuaire armorial, pag. 37 et 38, 3.me partie.

D'autre part, il est certain, de même, qu'*Aymon II, sire de Bourbon, en 1099*, est qualifié plusieurs fois de *sire de la Roche-Aymon;* ce qui doit être expliqué par le droit du sang salique et de la copropriété de fonds dans ces deux familles comme n'en faisant qu'une seule. (*Voir, pour cette qualification, l'Histoire manuscrite de l'Auvergne, par M. Audigier, chanoine de Clermont, tomes 1 et 2, page 54, et tomes 5 et 6, page 107, à la Bibliothèque du Roi, à Paris.*)

Dans la favorable disposition d'esprit où étaient ces estimables auteurs, ils auraient certainement avoué sans peine que ce *droit du sang* et de copropriété de fonds, dans ces maisons, sert merveilleusement bien à lier et à faire coïncider ces *faits si positifs ;* et que, par ce même droit, le fils du duc Waïfre (appelé Loup, celui qui déconfit l'arrière-garde de l'armée de Charlemagne, dans la vallée de Roncevaux, aux Pyrénées, en 778) l'aura cédée (ou sa descendance) à l'un des *Aymon*, aîné ou puiné; en sorte que, par la liaison du sang salique, cette cession devient très-croyable, ainsi que l'opinion qui fait issir les Aymon de Bourbon, de la race et du vieux château des *Aymon*.

Cette opinion est confirmée par la certitude du fait suivant, qui a rapport à la consanguinité primitive :

Généalogie de la Roche-Aymon, pag. 201 et 202.

« Ce Roger de la Roche-Aymon, » dit M. d'Hozier, m'était déjà » connu par l'extrait, que j'ai dans » mon dépôt, d'une charte de l'an » 1195 : c'est une donation faite en » cetteannée à l'abbaye de Bonlieu, » par Roger de la Roche-Aymon, » *Deo et beatæ Mariæ, et fratribus* » *Boniloci*, savoir : du droit de » pâturage pour toute sorte d'ani- » maux dans l'étendue de sa terre, » soit plaines, soit forêts (*pasturas* » *herbarum, per omnem terram* » *suam, tàm planam quam nemo-* » *rosam*), en aumône pour le salut » de son âme et de celles de tous » ses parens.

« Par une charte datée du 20 Janvier 1195, Roger de la Roche-Aymon, l'un des collaté- » raux qui augmenta la donation et concession d'une portion dans la dixme de la terre du » *Bouschal* (*voyez la page 22 de cet Abrégé*), donna aux religieux de l'abbaye de Bonlieu, » pour leurs bestiaux et troupeaux de toute espèce, le droit de pacage dans toute sa terre, » tant en plaines qu'en forêts; et à la fin de la charte, le comte Guy d'Auvergne, descendant » du duc Waïfre, s'y constitue le *tuteur* et le *défenseur de son bienfait :* ce qui montre claire- » ment, dit le généalogiste, qu'il y avait d'étroites liaisons d'affinité et peut-être de *consan-* » *guinité* entre les deux maisons ».

Or, voici les liaisons étroites d'affinité qu'il y avait entre les deux maisons; puis il sera traité de la consanguinité en peu de mots :

Le comte Guy d'Auvergne avait épousé, vers l'an 1180, Pétronille, princesse de Chambon, fille et héritière d'Ameil, prince de Chambon, et de sa femme, *Dalmatie de la Roche* (ainsi nommée par le savant du Bouchet dans la généalogie d'Aubusson) : celle-ci, devenue veuve d'Ameil de Chambon, mort vers 1171, se remaria, peu après, avec son voisin, Astorg ou Eustorge de la Roche-Aymon, qui, par elle, fut père de Raoul de la Roche-Aymon, archevêque de Lyon en 1235, et de ses frères; en sorte qu'Eustorge de la Roche-Aymon était beau-père du comte Guy II d'Auvergne, que Raoul de la Roche-Aymon, archevêque de Lyon, et ses frères, étaient frères utérins de la princesse de Chambon, femme de Guy, comte d'Auvergne, et que, conséquemment, ils étaient oncles du jeune comte d'Auvergne, *Guillaume*, fils du comte d'Auvergne et de la princesse de Chambon.

Ces étroites liaisons de parenté et de consanguinité, exprimées si clairement à l'occasion du don fait aux religieux de Bonlieu par Roger de la Roche-Aymon, et duquel don le comte Guy d'Auvergne se constitue le *tuteur* et le *défenseur*, rendent donc d'autant plus plausible la cession qu'il a faite du très-fort château de Tournoëlle, en Auvergne, aux frères de Raoul de la Roche-Aymon, archevêque de Lyon, son beau-frère, ou même au susdit Roger de la Roche-Aymon; tous lesquels parens se sont entr'aidés dans la guerre injuste que Philippe-Auguste faisait au même comte Guy, sur lequel ce roi confisca la comté d'Auvergne et le château de Tournoëlle (*voyez la note, à côté, extraite de l'Histoire de la Marche et de la Combraille*); confiscation et guerre si injuste, que saint Louis (son petit-fils) le restitua à ces *la Roche-Aymon* (qui ont formé en Auvergne des branches nombreuses sous les noms de sires de la Roche-Tournoëlle, de Châteauneuf, de Saint-Gervais, de la Roche près Turenne, de la Roche-Bromon, etc.); comme aussi, par cette cession et par les inductions y adjointes, est rendue non moins plausible aux anciens Aymon, ou aînés ou puînés, la cession de la sirie de Bourbon par le fils ou par la descendance de Waïfre, duc d'Aquitaine et comte d'Auvergne, mort assassiné en l'année 768, le 2 Juin, comme il a déjà été dit.

Ainsi, en se servant de l'application de la consanguinité et du droit salique primitif de la copropriété de fonds propre au noble sang viril de ces maisons, la cession de la sirie de Bourbon et celle de Tournoëlle et de Volvic, à leurs parens et consanguins, en devient plus aisée à comprendre; mais le vieux château de la Roche-Aymon, avec sa terre salique, ayant toujours été possédé par la maison des *Aymon*, n'a jamais été cédé de personne et n'a relevé de qui que ce soit.

Le corollaire suivant, relatif au droit de consanguinité, extrait de la généalogie de la Roche-Aymon, vient à propos se placer ici en preuve de l'origine primordiale et commune dans les maisons qui la possèdent et qui en usent à leur gré.

L'auteur, en rapportant des actes originaux, conservés aux archives de l'évêché de Limoges, des années 1281, 1283 et 1297, touchant quelques branches collatérales de la maison qui n'opéraient pas leur jonction avec le chef et seigneur de la Roche-Aymon, se sert de cette preuve de la copropriété de fonds qu'exerçaient entre eux les chefs de ces branches, pour démontrer leur consanguinité et leur jonction, tels que les seigneurs de *Char*, ceux du *Teil-au-Faure* et de la *Chirade*, ceux de *Champagnac* et *Flayac*, etc., tous du nom de la Roche-Aymon. (*Voyez pag. 193 et 194 de la Généalogie de la Roche-Aymon.*)

« La copropriété de fonds, dit-il, subsistait pleinement entre eux, car, parmi les fonds

---

» qu'ils énumèrent, il y en a plusieurs qui étaient indubitablement entre les mains du chef de » la maison.

» On ne peut donc pas douter qu'ils ne fussent tous sortis de la même source, et que l'*auteur* » *commun* n'eût établi dans sa famille *une loi* en vertu de laquelle ses descendans partici- » paient *tous à la même propriété.*

» Les fonds que Guy et Aymon de la Roche, chevaliers, seigneurs de Champagnac, Flayac, » etc., oncle et neveu, énumèrent, tant comme propriétaires que comme suzerains, compo- » saient aussi presque tous des paroisses, et ils déclarent qu'ils avaient pour vassaux dans » celles de St.-Doumé, du Puy-Malsignat et autres, messire Pierre du Monteil, *ecclésias-* » *tique;* Hugues de Fournoux, *chevalier;* Aubert de Fournoux, *écuyer,* et la veuve d'Etienne » de Chambon, *chevalier.*

» Ils étaient donc incontestablement *de la classe des citoyens entre qui la communauté ou la* » *copropriété de fonds était permise par LES LOIS ANCIENNES;* et ils confirment eux- » mêmes cette conséquence, en ajoutant dans l'acte qui est intitulé de leur nom, en forme de » lettres-patentes, et où ils parlent à la première personne, qu'ils le donnaient à l'évêque de Li- » moges, muni de leurs sceaux, ainsi que de ceux du chantre de l'église de Limoges, et de l'abbé » de Saint-Martial de cette ville, qui n'y avaient apposé les leurs qu'à leur prière et instance ».

Par cette loi de la copropriété dans le noble sang viril salique, est donc facilitée l'ouverture à comprendre comment la sirie de Bourbon, passant de la race de Waïfre, duc d'Aquitaine et comte d'Auvergne, dans la race des *Aymon,* a conservé ses prérogatives saliques sous ceux-ci, parce que leur sang est franc et salique; tandis que cette même sirie de Bourbon, tombant en quenouille dans la personne de Mahaud *de Bourbon-Aymon* (a), et passant d'elle à son second mari, Guy de Dampierre, puis de cette maison dans la race royale capétienne de Bour-gogne et de France, a perdu ses susdits priviléges saliques, parce que le sang franc et salique n'a jamais circulé dans les veines des individus de la maison de Dampierre, non plus que dans la maison capétienne : et quant à celle-ci, la preuve en est démonstrative dans le fameux procès intenté à ce sujet au connétable de Bourbon-France, qui fut débouté de ses prétentions saliques en 1515 par son propre sang, c'est-à-dire par le roi François I.ᵉʳ et par Louise de Savoye, mère de ce roi. On lit les principaux détails de ce procès dans le *Recueil des Causes majeures* et dans les Histoires de France. (*Voyez tom. XXIV de celle par Vély et Garnier, pag.* 15, 16 *et* 17).

(a) Voyez au tome III de l'Histoire chronologique et généalogique de la maison de France, par les PP. Ange et Simpli-cien, pag. 154, où on lit, à l'article des *anciens sires de Bourbon :* « Que, par une transaction passée en 1211, et qui la » condamne elle-même, Mahaud de Bourbon fait reconnaître, par sa fillle Marguerite de Vienne (née d'un premier ma-» riage annulé pour cause de parenté), *que, selon l'usage et coutume de France, la baronnie de Bourbon ne pouvait être par-* » *tagée, ni les filles y prétendre qu'à défaut des mâles.* La mère, non plus que sa fille, *ne pouvaient donc y prétendre;* car il y » avait des mâles collatéraux des *anciens sires de Bourbon-Aymon* qui existaient en ce même temps, tels que les *sires de* » *Bourbon-Blot,* dont l'auteur a été *Aymon II* (déjà cité), se disant *sire de Bourbon et de la Roche-Aymon* en 1099; les sei-» gneurs de *Bourbon-Montluçon,* les *sires de Bourbon-Lanfey* ou l'*Ansérie;* ceux *de Montpéroux,* finis en la personne de » Géraud de Bourbon, mari d'Izabeau de Beauvoir-Chatellux, 1351; ceux *de Montmor, de la Boulaye;* ceux *de Classy:* » tous lesquels tiennent à l'ancienne tige et remontent leurs branches à Aymon I.ᵉʳ, sire de Bourbon en 916 et 921, par » ses fils Géraud, Archambauld, Aymon, Humbert et Ansérie..... (Voyez *ibid.*) Il existe encore, en Italie, une branche » de ces *anciens sires de Bourbon.* (Voyez Moréry, tome V, article *Monaldeschi.*)

Pareillement, quand *la sirie de Blot, apanage de Bourbon*, passa dans la maison de Chauvigny par l'arrière-petite-fille d'Aymon II, sire de Bourbon, de Blot, de la Roche-Aymon, en 1145, cette sirie de Blot perdit ses avantages francs, parce qu'en Chauvigny ne coulait pas le sang salique, quelque ancienne que soit cette maison.

Finalement, ce droit salique de la perpétuelle substitution masculine et de la copropriété de fonds sert de fondement inébranlable, et de moyen plus solide pour affirmer l'identité de certaines maisons, même en tout temps, du moins particulièrement de celles des Aymon de Bourbon et des Aymon de la Roche-Aymon, bien mieux encore que la conformité des armoiries, prénoms ou noms de baptême, qui n'y adviennent que subsidiairement et comme des accessoires.

Commentaires de César, Tite-Live, Strabon, Polybe, Justin, etc.

Ce qui amène à parler du nom *Haymon*, qui est patronimique plutôt qu'un prénom; car son étymologie vient du mot *heym* ou *haym*, qui, en langue franque et germanique, signifie *habitation, séjour, être chez soi, Boïorumheïm* ou *habitation des Boyens-Bourbonaisiens*, lesquels entreprirent, avec les Berruyers, cette célèbre irruption en Franconie, en Bavière, Bohême, la Frise, etc., six cents ans avant J.-C. (*Voyez la traduction de Tacite sur les mœurs des Germains, par M. de la Bletterie, pag. 45, et la remarque 65.*[me] *sur ces mots* heïm *ou* haïm, Boïohaïmum, *pag. 175 et suiv., tom. I de l'édition de Paris, 1755.*) De ce mot de *haïm* s'est formé par déclinaison celui de *Haïmum* ou *Haïmon*, qu'on écrit maintenant sans la lettre *H, Aymon*, nom que ces Gaulois-Francs retinrent, quand, invités par leurs frères et compatriotes les Gaulois à venir les délivrer de la dure tyrannie des Romains, *ils retournèrent*, en effet, dans leur ancienne patrie des Gaules, du Berry *et du Bourbonnais. Cette expédition militaire* leur ayant si glorieusement réussi, que les Gaules en furent affranchies, ils rentrèrent en possession de leurs anciens héritages ou dans leurs terres des *Haymon*, c'est-à-dire de ces Bourbonnaisiens *de retour chez soi;* car ce même mot de *haïm* ou *haïmum* est la racine de celui de *haïmkommen*, qui signifie *être de retour chez soi*, et qui, à leur égard, signifiait caractéristiquement *qu'ils étaient de retour* dans la propriété héréditaire et perpétuelle de leur noble sang viril.

En sorte que ce mot *Haymon* ne serait ni un prénom, ni un nom de baptême, mais plutôt il est patronimique ou nom de famille, perpétuellement affecté à la famille des chefs de ce peuple de Francs-Bourbonnaisiens *de retour dans leurs terres franches et allodiales;* ce qui n'empêche pas que ce nom ne soit devenu dans la suite un nom de baptême par la sainteté de quelques-uns des individus qui l'ont porté comme patronimique : les anciens princes et vicomtes d'Aubusson l'ont même porté comme nom de baptême au neuvième siècle, ainsi que celui de *Renaud* ou *Ranulfe*, diminutif de *Rainaud*.

De toutes les observations précédentes il en résulterait donc que, par le droit du noble sang viril salique de la perpétuelle substitution masculine, commun entre les *Aymon* de Bourbon et les *Aymon* de la Roche-Aymon, ainsi que par cet autre droit imprescriptible de la copropriété de fonds dans tous leurs individus mâles *à perpétuité*, par celui de porter le même nom, le même titre d'honneur et les mêmes armoiries, ces deux maisons sont identiques, ou n'en font qu'une seule dans leur origine, dite *des Aymon;* et que les anciens sires de Bourbon-Aymon n'ayant pas toujours possédé la terre et le château de Bourbon, tandis que les *Aymon* de la Roche-Aymon ont originairement et toujours possédé leur terre salique avec leur vieux château de la Roche-Aymon, et sa vaste enceinte, avec leurs armoiries des *Aymon* sculptées sur son frontispice, avec leurs anciens titres originaux *qui apprennent positivement* sa noble indépendance allodiale-salique et sa possession originaire par *la maison des Aymon,* il en résulterait ainsi, dit-on, que ce sont les *Aymon* de Bourbon qui sont issus du vieux château des *Aymon,* plutôt que de celui de Bourbon, opinion qui est plus conforme à l'*assertion en justice* faite en plein Parlement de Paris vers l'an 1470 par Louis-Aymon, seigneur de la Roche-Aymon, à savoir : « *Que c'était de tout temps et ancienneté, et même avant la naissance de* » *N.-S. J.-C., que ses ancêtres étaient seigneurs de la Roche-Aymon, qu'ils n'en avaient* » *jamais fait hommage à personne (excepté depuis naguère), et qu'avec cet avantage ils* » *avaient eu celui d'être seigneurs de plusieurs terres et seigneuries qui avaient formé l'apa-* » *nage de plusieurs maisons très-puissantes en Bourbonnais, dans la Marche, en Berry,* » *en Auvergne, etc., qui étaient toutes sorties de la même souche* ».

(Voir, dans la grande généalogie de cette maison, les générations suivies, de père en fils, dès l'an 1031).

FIN.